U0142201

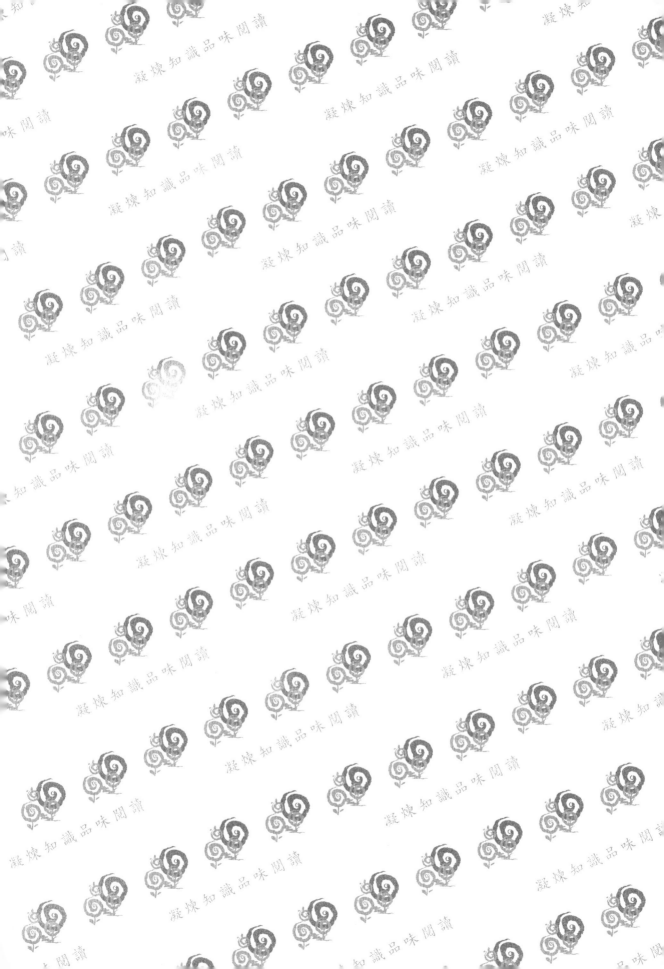

桌　球
邁向卓越

Richard McAfee　著

國家運動訓練中心　策劃
邱炳坤　主編
鍾莉娟　譯

五南圖書出版公司 印行

Table Tennis
STEPS TO SUCCESS

Richard McAfee

給三位最好的女人，我的夫人戴安、女兒莎拉，還有我的母親伊莉莎白，因為她們的愛與支持讓運動成為我的生涯。

目 次

總序

　　2015年1月1日，國家運動訓練中心改制為行政法人，正式取得法制上的地位。然而，光是法制上的地位並不足以彰顯改制為行政法人的意義；中心未來是否能夠走出一番新的氣象，為國家運動員帶來更完善的服務，才是國家運動訓練中心最重要的任務。

　　中心出版這一系列運動教學叢書之目的，首先是期待展現中心在運動專業領域的投入與付出；其次，也希望透過叢書的發表，讓基層運動教練、甚至是一般民眾，在學習各種專項運動時都能有專業的知識輔助，進而達到事半功倍的效果，以普及國內的運動風氣。

　　率先出版的第一批叢書，係來自美國Human Kinetics出版商的原文書籍；該叢書多年來，獲得國際的好評。中心有幸邀請到沈易利、李佳倫、吳聰義、廖健男、林嘉齡、鍾莉娟、許明彰、楊啓文、范姜昕辰等國內大專校院的教師，代為操刀翻譯，在此要先表達謝意。

　　除了對九位老師的謝意，中心也要向合作夥伴五南圖書出版公司表達衷心的敬意和感謝。這次出版一系列的翻譯書籍，有勞五南圖書出版公司的專業團隊，協助編輯、校對等等各項細節，使得書籍的出版進度相當順利。

　　緊接著，中心正由運動科學團隊，積極整理近年來，中心在運動科學領域的實務經驗並加以發表，期盼為運動科學的實務留下紀錄。國訓中心希望運動科學的普及化，能透過這些實務分享，落實到每一個運動訓練的角落，為國內運動科學訓練打下良好的基礎。

國家運動訓練中心　董事長

桌球：邁向卓越

　　桌球是一種可從事一輩子的運動，探訪任何一個地區性的桌球俱樂部或比賽，你會發現年紀介於8至80歲的運動員在他們的生命中勻出時間互相比賽。桌球對各年齡層都有益處，對於年幼的兒童而言，它或許是最容易促進手眼協調發展的運動，這對日後身體的發展極為重要。對於競技型的運動員，桌球提供從地方到如奧運會各層級的比賽；對於年長者，則會發現這是一個可讓他們在生理與心理維持最佳狀態的運動。在桌球運動中，你的年紀、體型或身體的障礙似乎不是那麼要緊，最重要的部分是在於技術的層面，這本手冊就是要提供可讓你成為一位成功選手所需的技能。

　　本書提供一種按部就班的獨特方式來學習桌球運動，每個步驟包括指導、修正常見錯誤，與得分的練習，你的練習結果決定你是否熟悉新素材並準備好要往下個步驟前進。

　　這些步驟與我在教學或指導個別學生時是同樣順序編排，每一步驟都是建立於前一步驟的素材上。如果你是剛剛接觸桌球，請從單元一開始，逐步完成本書的內容；如果你是對比賽很有經驗的選手，可以直切切入自己最感興趣的課程內容。

　　對初學者與有基礎者，或是擔任他們的老師與教練，都能自《桌球：邁向卓越》的資訊中獲得益處。初學者將在適當回擊的技術上建立厚實之基礎，發展出自己打球的風格並學會使用最有效率的練習方式。已有基礎的中階球員能找到更大範圍的進階主題，透過仔細複習這些基礎能幫助自己提升到更高的比賽層次。任何希望進行桌球教學者都可找到適合的訓練課程系統。

　　「邁向卓越」提供桌球運動員重要的發展方針，初期的訓練是發展手部技巧，接下來的訓練就著重在正手與反手基礎擊球的練習，透過明確課程、創新之圖解與相關照片運用，本書教導球員有關旋轉的要件、步伐、有效練習新的擊球技巧。熟練這些基礎動作後，球員可很快地使用五板球訓練系統機制結合定點回擊的訓練。當球員發展出他們的優勢後，就能在自己最擅長的擊球與身體技術上發展他們的個人風格。

　　對中階的球員而言，本書比一般基礎書籍提供更多擊球的解說，每種擊球都包括三個要件的說明——如何觸球、什麼時間點觸球、觸擊球的部位，在進入更高等級比賽時這將幫助球員學會如何更正錯誤。中階球員也能再調整他們的方法，並學會更高深的擊球與技戰術，向錦標賽比賽勝利邁進。

　　對於老師或教練，本書提供了一步

步的完整教學套裝教材、得分訓練與常見錯誤的修正。此外，本書也包括桌球運動歷史的簡介、最新的器材資訊、規則的解釋、例行的暖身及舒緩活動，以及網路上桌球的資訊與名詞釋義。

《桌球：邁向卓越》包括所有近年急劇影響桌球運動之規則與器材的改變，這變動包括從傳統直徑38mm的球換成40mm，這迫使在比賽時擊球技術與方式都需改變；最大的變動或許要算是從21分制改成11分制，這個改變迫使發球與技戰術也跟著變動。為了因應這些重大的變動，《桌球：邁向卓越》詳述最新的發球—接發球之特點與技戰術的訊息。

《桌球：邁向卓越》對於學習與打桌球提供了系統性的方法，這些系統性的課程包括下列：

1. *擊球課程*　單元一到九的特點說明如何執行每個回擊，詳細說明與圖解都能幫助你建立從預備到回擊點的擊球完整過程之心理圖像。所有擊球都包括三個要件的說明——如何觸球、什麼時間點觸球、觸擊球的部位，皆有詳實的說明與圖示，當你知道如何將這三種元件結合時，你便可以迅速的修正自己的錯誤。
2. *自訂進度練習*　為理解這些方式你應當進行一些練習，並可依自己的技巧程度調整一些較簡單或較困難的練習。
3. *成效檢核*　當執行每項訓練時，閱讀*成效檢核*能提醒聚焦於重點要件，在你進行練習時請教練、指導者、有經驗的球員去觀察並評估你的技能。

4. *成效計分*　你可在每項練習表現中計分，依自己狀態反覆練習越多越好，但不要執著完美分數。讓自己覺得有趣好玩並享受練習中所帶來的挑戰，練習得越多就越快能看到它所帶來的成效。
5. *錯誤方式*　沒有任何一位球員具備完美的技術，各種水平的球員都會有常見的錯誤，《桌球：邁向卓越》提供對每個擊球常見錯誤與修正方法的例子。
6. *成效的摘要*　在每一個單元最後會列出成功關鍵摘要，你也會被要求依據自己的練習分數來評核自己的成效，將自己在練習時所得的分數加總後，你便能知道自己是否需要更多的練習或是已準備好前進到下一個階段。

單元七至十一會幫助你從娛樂性的打球進入到桌球的比賽世界，在這些單元中你將找到進階的技術、技戰術和運動心理的工具讓自己成為一位能成功參賽的球員，你將學到運用模擬比賽與比賽狀況的練習和活動去調整不同打法。

不論你是比賽的新手，或是有經驗的選手想要讓自己的技術更精進，本書提供有效的系統方法與戰術，即使是高階的球員也能找到能挑戰他們技巧與技戰術的練習以超越對手。對於教師與教練們《桌球：邁向卓越》是目前最新最完整的資源。

你完成所有階段的獎勵就是實現自己的個人目標，不論是想和朋友間的對打更有樂趣，或是你想完成在本地、區域性，或甚至是國家層級的比賽，《桌球：邁向卓越》可以幫你達成這個目標。

# 桌球運動

約莫120年的時間，桌球運動儼然已從飯後的消遣活動晉升到世界主要的運動之一，這個卓越的成長主要是因為桌球運動是一種安全、有趣、健康、能終生參與的活動。

桌球的歷史

桌球歷史與桌球的變革是與它的器材平行前進的，這與其他的運動相同。參考資料顯示，早期為了想發展室內型態的網球，在1890年代第一次出現這類遊戲（game），這種飯後餘興時間在餐桌上的遊戲有過多種名稱。這種遊戲，以帆布覆蓋的長柄球拍與軟木或橡膠製成的球進行，因為球的品質不佳致使早年這種形式比賽很快就結束。

在1920年代隨著賽璐珞球的發展使得比賽慢慢復甦，一些主要的遊戲公司，如英國的J. Jacques & Son和美國的Parker Brothers開始使用各種的名稱成功地推動這種遊戲成為比賽模式。在美國Parker Brothers乒乓球的商標成為眾所周知，而這種比賽在歐洲的運動俱樂部中也開始成形，1927年國際桌球總會（ITTF）成立，並舉辦了第一個世界的錦標賽。

隨著1930年代硬式球拍膠皮的發明，桌球比賽向前躍進一大步，這種球拍是在木質底板上覆蓋一層帶有短、硬的顆粒膠皮，這是第一次球員可以運用中度的旋轉球，也發展出旋轉擊球，這使得對球與球的速度控制大為增加。在美國與歐洲廣設俱樂部聯盟情況下，使得桌球比賽快速地發展成受歡迎的運動。美國桌球協會（USTTA）於1933年設立，雖然在那個年代是歐洲的球員稱霸，美國的球員也頗具有競爭力並贏得幾個世界冠軍。

現代的比賽始於1950年代海綿層的使用，經過很多的實驗，決定目前對於覆蓋海綿層上的膠皮（顆粒向內或向外）之限制，最大厚度極限是4mm。日本配合直拍握法，具備能擊端線球及強力的擊球再加上極佳的步伐，日本是第一個投入這些比賽器材研究去提升旋轉與速度的國家，並於1950到1960年代初期稱霸桌壇。中國是在1960年代初期出現，快速竄起取而代之，並開始這項運動的創新直到今日。他們開創了快攻打法並向世界展現了強力發球與接發球比賽的重要性。近年雖然中國稱霸桌壇，但仍有許多來自亞洲其他國家與歐洲的球員也有所突破，贏得個人的世

界級或奧林匹克的獎項。

桌球第一次在奧林匹克運動會登場是在1988年的漢城奧運，此時真正讓全世界認識了桌球，來自世界各國的國家奧委會挹注資金支持創造獎牌爭奪的氛圍，整體球員人數快速增加，從那時候開始器材持續創新都著重使比賽速度加速。像所有的運動一樣桌球運動員身材變得更大、力量更強、速度更快。

桌球目前是全世界擁有最多參與者的運動之一，ITTF有204[1]個會員國，辦理非常多世界等級的比賽，包括每年的世界錦標賽、世界盃，還有國際巡迴賽。除上述國際性賽事外，ITTF也積極發展國際青少年計畫，包括營隊、國際青年循環賽、國際青少錦標賽，提供給教師、教練、競賽職員及選手的訓練課程遍布世界每年均超過百場。

美國桌球協會（USATT，之前稱USTTA）是美國桌球的管理機構，它涵蓋了數百個地方俱樂部與ITTF核可的比賽網絡，在美國超過1,700萬人以桌球作為休閒運動，但只有5萬人是屬於俱樂部的球員，有七千多人參與經常比賽。但將這些數字與中國超過2,000萬正式球員，或德國國家級聯盟將近百萬的球員人數相較，非常明確的是美國還有一段很長的路要走，才能與世界其他國家競爭。

隨著歐洲與亞洲多數有實力的職業聯盟與巡迴賽事，有越來越多的職業選手因為打桌球使生活無虞。雖然目前桌壇仍由中國引領並贏得許多重要世界比賽的獎項，但其他國家正在縮小這樣的差距。

器材

選擇器材時，最好是選擇ITTF核准並有標誌的設備，規則中規定在巡迴賽中必須使用ITTF核准的器材，這也確保你可取得有品質的材料。要打桌球，你必須先有一支球拍（須以膠皮覆蓋底板）、一張球檯、一套球網組合、球、沾黏膠皮的膠水、鞋子和適合的服裝。

底板

桌球底板的材質必須大部分為木頭

（85%），可包括合成材料如碳纖，板面型式大小不一（如圖1），防守型的球員會使用拍頭略大的底板，而近檯攻擊的球員通常較喜歡可快速移動的壓縮底板，中遠檯球員則較喜歡正規大小的底板。

多數製造廠商在底板上的標誌是依據它的速度（圖2），速率係指特定底板在擊球時所產生的速度，一般而言，速度越快的底板的控制度就越低。

底板有著各種形狀的握柄，選擇

---

[1] 譯註一：目前ITTF的會員已達218。

圖1　不同大小拍頭的球拍底板

圖2　標記有速度的底板

底板時一定要選一個讓自己握起來覺得舒適的握柄，一般最受歡迎的握柄是平坦、筆直或有造型（喇叭型）的握柄，雖然選擇握柄多數是依個人的喜好，如果你想要改變自己在正手與反手快速轉換的打法，你或許可找比較容易轉換的直柄，大多數的底板重量是界於80至

90公克之間。

膠皮

相較於其他也使用球拍的運動，各類的膠皮覆蓋物造就桌球各種不同打法的可能性，因為有各類膠皮，使球員可分別購買底板與膠皮，使用合法的膠水能使膠皮很容易撤換，大多數的店家或是賣方通常會幫你將膠皮黏妥在底板上，但所有的球員應學好這基本能力。大多數的膠皮下會有一層海綿層，這能增加更多的旋轉度與速度，膠皮包括海綿層的總厚度不得超過4mm，依據規則，所有正式比賽的球拍拍面必須一面是黑色而另一面為紅色。

圖3為四種常見的膠皮，短顆粒、長顆粒、防弧膠皮、平面的膠皮；所謂*顆粒*是在膠皮上有微小的突起，一般是圓形的。短顆粒膠皮有著短、圓頭較大、顆粒向外且間距小的膠皮。短顆粒膠皮對球產生中度的旋轉，這類膠皮通常用在削球，也是反手較弱的球員為了

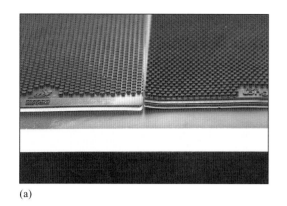
(a)

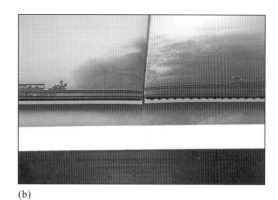
(b)

圖3　四種類型的膠皮：(a)短顆粒膠皮與長顆粒膠皮；(b)防弧膠皮與平面膠皮。

對抗對手的旋轉球控制而使用。

　　*長顆粒膠皮*有著較長且細的向外顆粒，觸擊球時容易彎曲，長顆粒在回擊對方旋轉球時有著特殊的效果，能製造出詭異的元素，此外也減緩球速，這使得長顆粒膠成為防禦性的膠皮，對初學者不建議使用這類型膠皮。

　　*防弧膠皮*有著平滑的膠面，能抗阻大多數球的旋轉率，但它缺乏製造旋轉的功能而使得攻擊上有困難。大多數是防禦型球員在球拍其中一面會使用這類膠皮，確保穩定回擊對手的攻擊。

　　*平面膠皮*最為普及，它的表面平坦，顆粒那一面與底層海綿層黏合。平面膠皮提供了產生旋轉與速度最大可能性，絕大多數的球員都使用這類膠皮，製造商均有這種膠皮的旋轉與速度的評比，當有快速的底板與膠皮在控制上顯得更困難。

　　重要的是，一支球拍底板可使用兩種不同的膠皮，以支持正手與反手不同風格的擊球方式。

　　很多製造商皆有出產黏貼膠皮的膠水，特殊的膠水可容易替換膠皮。自2008年起ITTF禁用任何含有揮發性有機溶劑成分（VOCs）的膠水，這類膠水已被以水為基底的膠水所取代。

球

　　在2000年，桌球有了很大的變革，球的體積變大，將原來38mm直徑的球增加至40mm，這改變的原因是為了在電視上可更清楚地看到球。

　　正式國際賽所使用比賽球，必須是*ITTF核可*的三星白色或橘色的球，練習或是俱樂部比賽用球可用較便宜的一星或二星的球。核可用球必須經過圓度、硬度還有彈跳一致性的測試，高品質球的使用期限要比低品質的球長些，但即便如此，當球的表面變光滑時必須進行汰換。

球檯與球網

所有標準球檯長是274公分、寬152公分、高76公分（如圖4），在購買球檯時需注意檯面厚度至少1.9公分，球檯表面材質經過高壓與多層的特殊漆面處理，檯面的彈跳均勻，經過USATT或ITTF認證核可之球檯皆為高品質，並且通過比賽規定條件之彈跳高度與一致性的測試。所有球檯皆有端線、邊線及中心線三種白色線條。

高品質的球網通常是由布製成的，有一條懸網繩穿過球網的頂端可調整球網張力，球網是經由兩根金屬網柱附著在球檯上，球網的高度是15.25公分而網柱是在球檯兩側向外延伸15.25公分。相較未經認證的球網，ITTF所認證核可之球網有較高的品質。

發球器或發球機

最好的練習工具之一就是找一臺發球機具，又稱為發球機，即便是最便宜只能送出一種旋轉與落點及不同速度模式的機器，或是很昂貴能由電腦設定模擬真實打分的發球機。我強烈的建議找一臺發球機，因為並不是隨時都有陪練

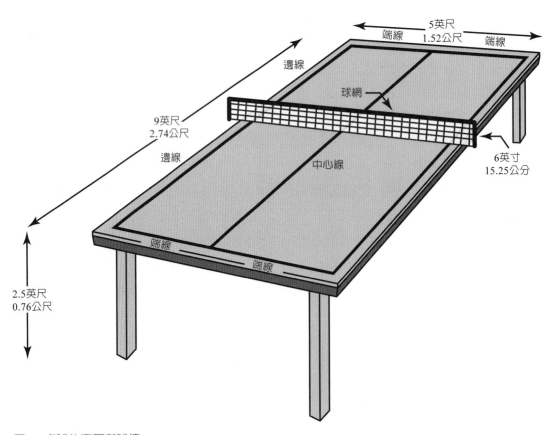

圖4　桌球的賽區與球檯

員，這些設備通常有球網與自動回收球的設備，你可以在短時間內進行最大量的訓練。

賽區

球檯是你與對手擊球能得分的區域範圍，而賽區則是你可以移動的範圍，最小的賽區範圍是7×14公尺（23×45英尺），高度須高於5公尺（16.4英尺）。有關桌球的賽區的面積再大些會更好，在世錦賽或奧運會的比賽，賽區通常是8×16公尺（26×52英尺），賽區的高度是9公尺（30英尺）或更高。

一般比賽在每張球檯賽區的照明度必須一致且至少在600流明，而奧運會的比賽至少需在1,000流明。桌球的球的體積非常小，因此燈光成為是否能享受比賽的重要關鍵，甚至在娛樂性的比賽，越多的燈光效果越好。

服裝

任何品質好的室內鞋都適合在從事桌球運動時穿著，桌球鞋相較於其他類似的運動重量是最輕的，桌球鞋與排球鞋的設計很像，很輕而且有彈性，鞋底

圖5　球員比賽時的服裝

是橡膠材質。

桌球運動的服裝（圖5）有許多廠牌，包括短褲、短裙與運動衫，還有暖身服，任何型式的網球服皆可。比賽時不可穿與比賽用球相同顏色的球衣。在比賽時雙打配對通常也穿著比賽服裝，在國際賽會中雙打對手必須穿著顏色明顯不同的服裝。

正式規則

每一局都是11分制而勝者須至少領先2分，先取得11分者獲勝，或在雙方得分都超過10分時，先領先2分者獲勝。一場比賽是由任何奇數局組成，多數的比賽為五戰三勝或七戰四勝制。

進行比賽時，由拋擲銅板猜邊決定由誰先發球，在地方俱樂部的比賽多是由一方將球隱藏在任一隻手，由對手猜

球的位置，猜中者可以先選擇先發球、先接發球或比賽一開始時的特定方位。無論誰在第一局開始時先接發球，下一局則由他先發球。

每位球員輪替發兩球直到該局結束或者達到10比10，當比分為10比10時，雙方球員各輪發一球直到先取得2分領先者獲勝。

當下列狀況發生時你可得分：
- 你的對手發球時失誤
- 你的對手接發球時失誤
- 你的對手回擊時失誤
- 你的對手是在球兩跳後才回擊
- 你的對手在回球時連擊[2]
- 你的對手搖動球檯檯面
- 你的對手之非執拍手觸碰檯面

好的發球是讓球靜止在發球員張開的手掌心中，從發球的那一刻開始，球必須高於檯面水平且在端線的後方，並不得以身體的任何部位（圖6）阻擋對手看球的視線。發球者必須將球以近乎垂直的角度將球拋起至少6英寸（15公分）[3]，並且是在球自最高點落下時才擊球。發球時，球首先必須觸擊發球者的檯面，然後再越過球網觸擊接發球方的檯面。發球時，如果球是觸擊球網組合的有效發球，會被判*重發球*，就必須再重新發球。

在雙打時，兩位配對須輪流回擊對

圖6　發球者準備好要發球，球須在球檯端線後方與檯面水平以上，並不得以身體任何部位遮擋球。

手來球，在第一局開始時，具有發球權的配對可以決定由誰先發球，接著由接發球方決定由誰先接球，在每兩分後接發球者則成為發球者，而前一位發球者的夥伴則成為新的接發球者。檯面上有一條與邊線平行的中心線將球檯區隔為左右兩個半區，雙打時的發球，球需先觸及己方右側檯區再越網觸及對方右側的檯區。

---

[2] 譯註二：依ITTF最新之規則，只有球員在蓄意連擊時才會失分。

[3] 譯註三：桌球球網高度為15.25公分，依據ITTF發球的規定，球員在發球時拋球的高度至少需16公分，約略高於球網的高度。

你可以在美國桌球協會（USATT）或國際桌球總會（ITTF）的網頁上取得完整的桌球規則，詳見第xx頁資源附錄。

未載明的通則

就像所有的運動一樣，桌球也有一些未載入規則的規範是你必須知道的，這些行為規範包括在運動領域中共同的禮儀以及運動精神。

- 發球者在發球前必須報分，先報發球方的分數。
- 在沒有裁判員的比賽中，每位球員須負責報出來球是否觸擊己方球檯。
- 不應讓觀眾涉入比賽或詢問他們球是是否得分。
- 若有爭議出現須和你的對手溝通協調，如果爭議仍無法解決則請求一位裁判員。
- 若擦網球在球一落在球檯上時須立即喊「Let」，如果你繼續比賽就不能等到比分確定時再喊。
- 如果你的球飛到鄰近的賽區，你必須等到鄰桌該回合結束後才能要回球。
- 比賽結束後與你的對手握手。
- 避免走在仍處於比賽中球員的後方。
- 觀眾可自由地為好球喝采，但應禁止他們在球員犯錯時喝倒采。

暖身、緩和與伸展

當做任何的訓練或運動時，你必須適度的暖身讓身體進入訓練狀態並避免受傷。同樣重要的是身體的緩和，在訓練結束後能夠幫助身體迅速復原，因此暖身與緩和都必須包括伸展動作以增加肌肉的柔軟度。

常規暖身活動的目的是為慢慢增加身體的熱度以進行更重度的訓練，桌球的暖身活動可包括幾分鐘結合桌球特定移動的跑步與跳躍的動作，在進行5至10分鐘的暖身後就轉換至重點伸展。

桌球選手必須具備放鬆與有彈性的肌肉，以達到本項運動所需的快速及爆發性的動作，伸展是本項運動在任何階段訓練都必須包括的重點，伸展有助減少肌肉拉傷的風險，安全的伸展活動須依下所列進行：

- 試著維持每個伸展動作約20秒。
- 在伸展時不可跳躍。
- 伸展必須緩慢進行至你的極限，而不應有疼痛感。
- 當你在伸展時專注在你的呼吸上。
- 選擇可以活動到所有主要肌群的伸展動作。

你的伸展活動至少須持續15分鐘。

- *股四頭肌的伸展* 從雙腳合攏的站姿開始，彎曲你的左膝，並在你舒適的範圍內將左腳向後方抬起越高越好，用左手握住左腳慢慢向後扳起直到你感覺到股四頭肌被伸展（如圖7）的感覺，維

圖7　股四頭肌的伸展

持這樣的姿勢約20秒，放鬆並將左腳還原至地板上，重複同樣的動作伸展右腳的股四頭肌。

• *站立式伸展小腿*　站立面向牆壁或桌

圖8　站立式伸展小腿

球球檯距離約一個手臂間隔，彎曲右腿伸出雙臂觸及牆面或球檯，慢慢地讓左腿向後施力保持雙腳完全著地，慢慢感覺左腿被舒適的拉開（圖8），維持這個伸展動作約20秒，放鬆，將左腿復原到與右腿平行的位置，重複相同步驟伸展右小腿。

• *站立式腿筋（膕肌）伸展*　站立面向

圖9　站立式腿筋（膕肌）伸展

桌球球檯，抬起左腿方在桌上，雙手伸向左腳，慢慢向左腳靠近並感到左腿筋舒適地被拉開（圖9），維持這樣的伸展動作約20秒，放鬆，還原至原來的站立姿勢，重複相同步驟伸展你的右腿筋。

• *臀部屈肌伸展*　從站立姿勢開始，右腿向前跨一步（圖10），維持腰背垂直臀部往下坐，維持這個伸展動作約

圖10　臀部屈肌伸展

圖11　下背部擴張與腹部伸展

20秒，放鬆還原至原來的站姿，重複同樣的動作換成左腿向前。

• *下背部擴張與腹部伸展*　趴在地板上手掌貼著地板，並慢慢地將身體抬起，腰向後彎直到感覺到下背舒適地擴張

圖12　內收肌群伸展

（圖11），維持此動作約20秒，還原重複同樣動作。

• *內收肌群伸展*　自站立姿勢，雙腳腳尖向前，身體向右側面前傾，感受到舒適的拉開（圖12），維持此動作約20

圖13　棘上肌伸展

秒，還原重複同樣動作向左側伸展。

• *棘上肌伸展*　站立姿勢，將右手臂彎曲放在頸部後方，以左手握住右手肘關節向上慢慢扳起，直到你感到舒適的拉開（圖13），維持此動作約20秒，還原換成左手臂重複同樣動作。

• *肱二頭肌伸展*　站立姿勢，將雙手臂往身體後方擴展，並慢慢將雙臂向上抬起，直到你感到舒適的伸展（圖

圖14　肱二頭肌伸展

後方,如果你可以以左手掌自背部下方向上握住右手掌,慢慢往下拉直到感覺到舒適的拉開;如果左手無法勾住右手掌,則利用毛巾(圖15),維持這個姿勢20秒,換成左手重複相同的動作。

14),維持此動作約20秒。

• *三頭肌伸展* 站立姿勢,將右手手肘在背後慢慢向上抬起,右手臂置於頸部

• *頸部彎屈與伸展* 從站立姿式開始將你的頭向前壓直到感覺到頸部舒適的拉開,維持這個姿勢20秒;將你的頭向後仰直到感覺到頸部舒適的拉開,維持這個姿勢20秒;將你的頭向左壓直到感覺到頸部舒適的拉開,維持這個姿勢20秒;將你的頭向右壓直到感覺到頸部舒適的拉開(圖16),維持這個姿勢20秒。做這些動作時不要刻意用力或用手去扳。

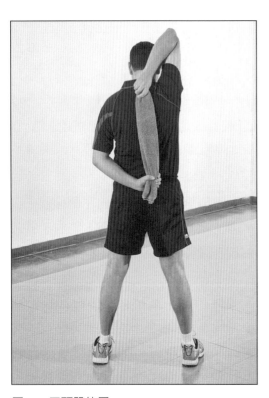

圖15　三頭肌伸展

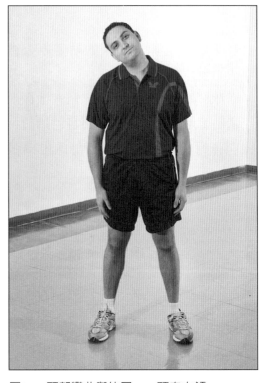

圖16　頸部彎曲與伸展——頭向右傾

在做完這些訓練後隨即要花一點時間進行緩和的動作，先進行幾分鐘的跑步或快走，接著再做一套5至10分鐘的伸展，緩和動作的目的是讓你可快速進入比賽或訓練的狀態。

受傷

桌球是一項安全的運動，然而因過度訓練而受傷，如水泡、扭傷、拉傷、抽筋，甚至是網球肘都是常見的，多數這些問題可使用RICER機制來處理。RICER代表的意思是：

休息（**R**EST），讓受傷的部位歇息。

冰敷（**I**CE）8小時內，每2~3小時冰敷20分鐘。

緊壓（**C**ompression）：使用繃帶將受傷部位固定。

抬高（**E**levation）：將受傷部位抬高，如果可能，須高於心臟的位置。

轉介（**R**eferral）：讓有訓練的專業人員評估傷勢狀況。

傷害防護最重要的要件是適度的建立暖身與緩和的常規訓練。

資源

你可經由www.ittf.com得到完整的國際桌總（ITTF）的資訊。

美國桌協（USATT）是個非營利的全國性機構，其所屬會員支持協會的努力讓協會在美國成長。USATT在全美大約有300個俱樂部會員，會員每年都可參加上百場以上的比賽，並收到每兩個月一期的高品質雜誌，其中介紹各比賽結果、球員排名、教練的相關文章，想瞭解更多美國桌球協會請上www.USATT.org。

亞洲桌球聯盟（ATTU）是由ITTF認可管理亞洲桌球事務的組織，ATTU辦理非常多的比賽與課程，相關訊息可上www.attu.rog網站取得。

歐洲桌球聯盟（ETTU）是管理歐洲地區57個桌球協會的組織，在歐洲有超過400萬位活躍的球員每年參與各種的賽會與課程，詳細資訊可參閱www.ettu.org的網站。

下列是美國桌球器材的大供應商的網址：

www.butterflyonline.com

www.newgy.com

www.paddlepalace.com

www.killerspin.com

www.joolausa.com

http://www.megaspin.net

www.espintech.com/home

www.zeropong.com

www.colestt.com

重要的圖示

⟶	球的路徑
▯	球拍
◯	球
FH	正手
┈┈▶	球的旋轉
⟹	空氣的阻力
Ⓡ	右腳
Ⓛ	左腳
╌╌▶	球員的移動
⒧ ⒭	一開始的步伐
BH	反手
⊗	球的彈跳
■	標的物

單元一　準備打球

在到球檯開始進行訓練之前，你必須先知道一些這項運動的基本配件，並且熟練一些手部的技巧，花一些時間去瞭解這些基本概念，對你會有額外的助益且能讓你快速學會一些技巧。

握拍

每位球員首先要決定的是握拍的方式，你對握拍的選擇會大大影響打球的方式，所以讓我們好好檢視你的選擇。桌球有兩種主要的握拍方式，「橫拍」式與「直拍」式，這兩種的名稱是握拍方法最好的說明。

「橫拍式」（又稱握手式）握法

「橫拍」握法，是將球拍放在拇指與其他四隻手指的中間，並以手指將拍柄握住（如圖1.1），球拍成為手的自然延長。

圖1.1　「橫拍」握法

錯誤方式

兩隻手指（食指和中指）控制球拍。

修正方法

只讓食指扣在底板上，中指應握在拍柄。

握球拍時手部應該放鬆，施力點只在食指與拇指，其他的手指都應放鬆輕握拍柄。當你以正手擊球時，利用食指的力量控制；以反手擊球時，則以拇指的力量控制球拍。

使用「橫拍」握法的球員對握在拍柄的深淺上有很大的不同，一般而言，握在越靠近底板的位置對球拍有更多的控制（圖1.2a）；握住離底板較遠處，你能製造出更多旋轉的變化（圖1.2b）。不論你是否覺得舒適，你一定是感覺握住一支球拍而不是握住拍柄。

「橫拍」的握法可均衡發展出正手與反手有力回擊，這類的握拍法在西方國家一直非常普及，但現在這類握拍法在亞洲已成為最受歡迎的方式，許多「橫拍」握法變化是成功的證明。

中立握法

中立握法（圖1.3）是「橫拍」的基本握法，讓球拍成為手部的直接延伸。這個握法之所以被稱為中立，是因為不論正手或反手擊球時，它的角度不偏不倚（球拍的角度是直立的）。中立的握法可支持任何擊球的方式，不需因正、反手擊球而改變握拍，我強烈建議新手採用這樣的握拍方式。

(a)

(b)

圖1.2 (a)深握球拍；(b)淺握的球拍

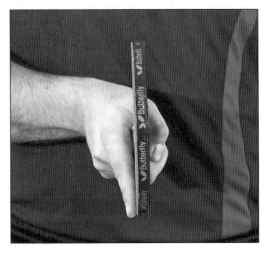

圖1.3 中立的握法

強力正手握法

　　強力正手握法會使正手擊球拍面角度略向前壓，如果你是右手持拍者，在拇指與食指間的V型些微將拍柄轉向右側（圖1.4），這種握法可以支持強力的正手擊球，但是也會讓反手的力道變弱了。

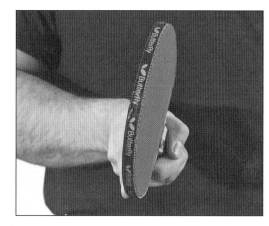

圖1.4　強力正手握法

錯誤方法
將食指至於拍面的中間。

修正方法
將食指移到拍面的邊緣。

錯誤方法
手僅握住拍柄（像握鐵鎚一樣）。

修正方法
將拇指與食指略往上移至底板的底部。

強力反手握法

　　強力反手握法與強力正手握法正好相反，這種握法可讓反手擊球拍面的角度略向前壓（圖1.5），這種情況右手持拍者，在拇指與食指間的V型些微將拍柄轉向左側，這樣的握法可以支持強力的反手擊球，但也會讓正手的力道變弱。

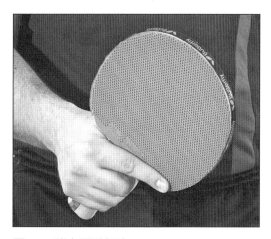

圖1.5　強力反手握法

錯誤方式
將拇指放在拍面的中間。

修正方法
只有拇指的那一側，將整隻拇指靠住底板的下方，不是只有移動姆指尖。

3

「直拍式」（又稱握筆式）握法

「直拍」握法就像是握筆的方式，拇指和食指都在球拍的同一側，其他的手指則在另一側（圖1.6）。再重申，控制力道的點是拇指與食指。

圖1.6 「直拍」握法

傳統上，使用這種握拍方式的球員只利用球拍的一面擊球，不論是正手或是反手。當使用正手擊球時，球員以拇指施力略為向下壓；當使用反手時擊球，球員則以食指施力並且以球拍背面的指頭同時向前施力。

「直拍」握法能使手腕轉動並施力，這有利發球與正手攻擊，但相對的，這種握拍法未能使用反手的拍面，也迫使這種握拍的球員在比賽時幾乎需全面使用正手攻擊。為了克服這個反手的弱點，許多球員開始使用直拍橫打的方式（圖1.7）。這是新的直拍握法，它能使「直拍」的球員可以使用兩面的球拍，且發展出強而有力的反手上旋球，並讓這樣的握法站上世界水平。

直拍橫打的這種握拍法在亞洲非常

圖1.7 直拍橫打反手擊球

普遍，許多世界與奧運的冠軍選手都是「直拍」的選手，其中兩大主流一是日本與韓國風格，另一個是中國式風格。

日本與韓國的直拍握法

界定日本或韓國的直拍握法是他們在球拍反面的手指頭是張開的（圖1.8），這樣的握法能支持強而有力的正手拍，但相對的也造成反拍時手腕轉動的困難，使用這種握拍的球員通常都能以正手拍照顧到大部分的檯面，而反手拍通常只用在推擋。

圖1.8 日本或韓國的「直拍」握法

中國式的直拍握法

　　中國式「直拍」握法是在背面的手指頭，指頭彎曲（圖1.9），這在正手與反手擊球時運用更多的腕力。中國式的直拍球員經常改變指頭的位置以打出不同球，特別是利用反手攻擊的球員。

圖1.9　中國式的「直拍」握法

選擇球拍的握法

　　前面所述的任何握拍方式都能讓你成為成功的球員，每種握法都有它的優點與弱點，你在本書中所學到的每種技術都能結合這些握拍法，如果你是剛開始的新手而不確定該選擇哪一種的握拍方式，那麼我會建議你使用「橫拍」的中立握拍，因為它是最容易上手的。

　　不論你選擇哪一種握拍法，花時間去練習握拍並控制球，拍球練習是有趣且能有效達成兩種目的訓練。

拍球訓練　球的彈跳

利用10個球進行控球訓練，每顆球須讓球在球拍上彈跳20次，記錄每個你正確完成這些練習的次數，做此練習時確認使用正確的握拍方式。

1. 使用正手拍向上拍球。
2. 使用反手拍向上拍球。
3. 用反手、正手拍交替向上拍球。
4. 用正手拍以拍面中間及邊緣向上交替向上拍球。
5. 使用正手拍將球對著牆壁打。
6. 用反手拍將球對著牆壁打。
7. 用正手、反手拍交替將球對著牆壁打。
8. 用正手拍對著地板拍球。
9. 用反手拍對著地板拍球。
10. 用正手、反手拍對著地板拍球。

成效檢核

- 在進行這項練習時，確認自己是使用正確的橫拍或是直拍的握法。
- 專注在食指與拇指在球拍上的施力。

在10顆的拍球練習中每顆球需彈跳20次，記錄你10顆球練習的次數。

拍180~200次 = 10分

拍160~179次 = 8分

拍140~159次 = 6分

拍120~139次 = 4分

拍100~119次 = 2分

你的分數_____

進入備戰狀態

另一個關鍵是好的基礎站姿，能使你快速地進入預備攻擊的姿勢，雙腳分開至少與肩同寬，身高較高的球員雙腳可能需要站得更寬一些。如果你是右手執拍者，將你的右腳稍微的往後站；如果是左手執拍，則將左腳往後站，雙膝微曲，將重心放在前腳掌。如果站姿正確時你會有些微向前傾的感覺，最後，握著球拍向著前方介於正手拍與反手拍間中間點（圖1.10）。至於身體與球檯的相關位置，站在你正手可以照顧到約三分之二的位置，並在端線後方約一個小手臂的距離。

圖1.10 預備姿勢

1. 雙腳與肩同寬
2. 雙腳前後錯開，右腳略微在後
3. 屈膝
4. 重心放在前腳掌
5. 球拍拍頭向上，置於正反手的中間位置
6. 距離端線約一個小手臂的間隔

一個好的預備姿勢須完成幾件事，首先，將你的重心放低，這可讓你快速移動並維持最佳平衡狀態，屈膝身體微微向前傾可讓你擊球時容易轉換重心並更有力道，這不僅是看到球，較低的姿勢有助你可看清楚朝你而來的球。

不同打法風格的球員可調整這個基本姿勢以符合自己打球時的需要，然而，基本預備動作是學習基本擊球的最佳姿勢。

精熟所有擊球的三個基本要件

桌球所有的擊球有三個普遍原則，任何一個擊球你必須知道如何觸擊到球、擊球的時間點與觸擊球的位置。

如何觸擊球

每次你以球拍擊球時，你便將自己的力量轉移到球上，這個力量會以球的旋轉或速度來呈現，球的旋轉與速度應用受到你如何觸球所控制。兩種常見的觸擊方式，一是撞擊，另一個是摩擦。

*撞擊*通常是發生在球拍向前擊球時，要體驗這類力道可利用簡單的練習，使用正確的球拍握法，手掌向上將球拍放在你的正前方（圖1.11a）；球拍輕輕的上下移動幾英寸，讓球在球拍上彈跳（圖1.11b和c）。當你是直線擊球時，小心觀察球，球並不會旋轉，因為你的力道是以直線向球前進。你同時也會注意到，當球觸擊膠皮與底板接觸時發出很清晰的聲響。當你在做這樣的練習時，要特別注意這些力量觸球的感覺與聲響。

(a)

(b)

(c)

圖1.11　撞擊力道，讓球直線向上：(a)執拍手掌面朝上；(b)球拍上下輕微移動時球在球拍上的彈跳；(c)球在彈跳時不會旋轉。

*摩擦觸擊*出現在當球拍劃過球的中心使球旋轉，你可以在擊球練習時透過些微力度調整就能體驗類似的擊點。與上個練習準備一樣，只是這次在球拍觸擊球時，微微的將球拍向左或向右摩擦球（圖1.12）。球的旋轉與你的球拍觸球時摩擦的方向一致，當你以摩擦方式觸擊球時，特別注意這樣的觸球較輕柔且發出的聲響比直接擊球小。

　　桌球是一種能使球產生美妙速度與旋轉的比賽，當你的技術提升時，你會知道如何觸擊球，並在每次擊球時使球同時產生完美的速度與旋轉。

何時觸球

　　有三個適當的時機去觸球，這也可稱為*時間點*（擊球點）：當球觸及你這一方球檯後向上升時期、球上升到最高點時，或球從最高點往下落時期（圖1.13）。一般而言，你可以在球彈起的最高點時擊球打出速度最快的球，或在下降期擊球打出旋轉度最大的球。當你想輕鬆的回擊對手的快速球就需在球的上升期回擊。

(a)

(b)

(c)

圖1.12　摩擦觸擊，球順著球拍摩擦的方向旋轉：(a)握著球拍手掌向上；(b)球拍向左側摩擦球彈起；(c)球依球拍摩擦的方向旋轉。

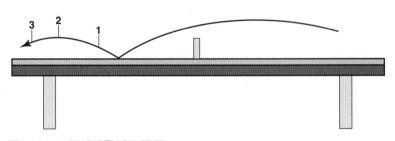

圖1.13　三個擊球點球的路徑

觸球的部位

這是擊球三個基本要件中最重要的一點，當你的球拍觸擊到球時，不僅能產生不同的旋轉並且可以控制球行進的方向。如要控制你的回擊球高度，必須鎖定球的三個部位，中心的上方、中心位置、中心的下方（圖1.14）。

在本書中我都將使用這三個基本要件教導新的擊球，你可以調整如何運用這三個要件來控制球，很快地你便能學會如何修正自己的一些錯誤。

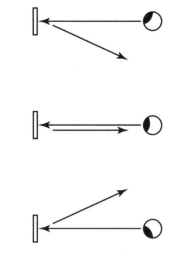

圖1.14　觸球的三個點：中心上方，球向下行進；中心點，球向前行進；中心的下方，球向上前行進。

發展手部技巧

桌球是一項需要結合腿部爆發力與手部精細動作的運動，為能有效控球，發展手部技巧的訓練應是你初期訓練的重點。

用來發展這些技巧的一個關鍵方法就是學習餵球方式，又稱為「多球訓練」，學習如何餵球給你的夥伴，不僅能幫助你發展出手部的技巧，它也是本書大多數訓練特點中必須熟練的技巧。

就如同這個訓練名稱所代表的意義，「多球訓練」要利用大量的球，由餵球者依訓練套路連續地將球餵給接受訓練者，這種練習餵球者不需做回擊，因此，使用品質略差的練習球也能有不錯的效果。必須餵完一定數量的球或是達成設定的時間，「多球訓練」有下列的優點：

• 你可以在短時間內有更密集的練習。

• 因為不需浪費時間在追球，訓練時能將注意力放在擊球的方式。

• 在沒有陪練員的情況下你仍可練習多種的技巧，因為餵球者不須移動或是回擊來球，也能輕鬆的複製高質量的回球。

• 你能快速的提升自己含氧量及體能，餵球者很容易會超過個人訓練時的負荷，這會迫使身體增加含氧量與體能。

• 一位餵球者可同時與多位受訓者一起練習，不同的套路練習能滿足每一個人的需求。

這項基本技巧很簡單，餵球者站在球檯側面靠近球網的位置（右手慣用者站在左側，左手慣用者站在右側），用一個大容器裝滿球放在非執拍手容易拿到的位置。

要餵上旋球，餵球者利用非執拍手將球輕擲在己側球檯上，讓球略往後方彈起，以球拍觸擊接近球的頂端打出正手上旋短球，她的手臂向前擺動並將球拍些微向上帶，經過練習，餵球者可練習利用球拍的角度擊出多種的上旋球（圖1.15）。如需製造更大力度的球，則可將球直接擲在球拍上而不需再經桌面上的彈跳。

如要製造下旋球，餵球者重複上旋球的步驟，但球拍需觸擊球的底部（圖1.16）。重申，餵球者可調整球拍的角度及摩擦程度以獲得自己想要的效果。

利用「多球訓練」學習餵多球並發展自己的手部技巧。

圖1.15　餵球者以球拍觸擊球的頂端打出正手上旋短球

圖1.16　餵球者以球拍摩擦球的底部打出正手下旋球

多球訓練1.　學習餵球

使用前段描述的基礎餵球技術，進行下列的簡單練習，每項練習都以相同速度餵出25顆球，試著將每顆球都打到球檯的端線，並想像你是將球餵給你的練習夥伴，記錄25顆球中成功的數量。

1. 基本上旋球練習：改變球落在對方檯區位置，一顆在右半區一顆在左半區。

2. 基本下旋球練習：改變球落在對方檯區位置，一顆在右半區一顆在左半區。

3. 上旋球與下旋球交互餵球：將球都餵在球檯的同一個位置，但一顆上旋球一顆為下旋球的交替餵法。

增加難度

• 增加定時餵球的頻率（每分鐘餵出更多的球）。

成效檢核

• 檢視你是否都以相同速率餵球，且球都能落在設定的區域。

• 確定每顆球都是在你的檯面上彈起後再擊球。

• 檢視你餵的每顆球的高度是否相同，如果沒有，確認你是在距檯面較近的高度擲球。

穩定地餵25個球作為一個段落，以三個段落作為一個餵球訓練，記錄成功餵球的數量。

65~75顆成功餵球 = 10分

55~64顆成功餵球 = 7分

45~54顆成功餵球 = 5分

35~44顆成功餵球 = 3分

你的分數＿＿＿＿

多球訓練2. 建立手部的速度

以三個在「多球訓練」中所描述的餵球練習段落做訓練，以1分鐘作為一個練習的單位快速餵球，你的目標是在1分鐘內餵越多球越好，但仍舊必須對球的落點及旋轉維持穩定的控制。

成效檢核

- 當非執拍手去拿球時，試著一次可以拿好幾顆球。
- 維持快速擊球並建立一個穩定的節奏。

記錄1分鐘內成功的餵球數量，將這三個練習的段落成功數加起來就是你的分數。

193或更多顆成功餵球 = 10分

165~192顆成功的餵球 = 7分

135~164顆成功的餵球 = 5分

105~134顆成功的餵球 = 3分

你的分數＿＿＿＿

進入備戰的成效摘要

在這個單元，你學到如何握拍與預備姿勢、透過球的彈跳與餵球發展你手部的技能，你也學會所有擊球的三個基本要件。

想知道你是否準備好進入第二個單元，加總你在拍球與餵球訓練的分數，如果你的分數超過22分，表示你已經可以進入下一個單元；如果不到22分則表示你需要再多練習。

拍球訓練

    1. 球的彈跳   ____/10分

多球訓練

    1. 學習餵球   ____/10分

    2. 建立手部的速度   ____/10分

總分   ____/30分

你可以發展手部的技巧，也可開始去瞭解桌球的科學，目前正好是學習基礎的擊球的時機，下一單元會聚焦在正手與反手拍的攻球。

單元二　攻球

這個單元涵蓋了正手與反手攻球打法，這也稱爲反攻。*攻球*係指在攻擊擊球會依著力量的方向前進且只有些微的旋轉，當運用正確時，攻球會以低的拋物線過網，在球拍觸擊球，球的力量穿透海綿層時，你應該會聽到清晰、大聲的空洞聲響。攻球最常用在對抗對手的上旋球。

如同在單元一（第7頁）對每種擊球的說明，你將會學到在每種擊球中最基本的三個要件。

攻球的三個基本要件

如何觸擊球 ＝ 撞擊球時產生最小摩擦（旋轉）

何時觸球 ＝ 在球彈跳的最高點

觸球的部位 ＝ 約略高於球中心位置以抵抗上旋的來球

正手攻球

正手攻球是比賽中主要的擊球，現代的比賽，正手攻球最常用來對抗對手的上旋球之回擊，而且可用各種力量回擊。要對抗快速移動的球，運用較短的擺動與力量即可輕易轉移對手的攻擊力量並將力量回給他；若要對抗速度較慢的回球，則需放低身體引出較大的力量。

引拍是從你已經學會的基本預備動作開始（第6頁），當你看到球往你的正手移動時，進入引拍的位置，轉腰並將上半身轉向後（圖2.1a），同時稍微伸直小手臂並將你的重心轉移到右腳（如果你是右手持拍者）。引拍最後的重點，是你的球拍向後並略微低於來球的高度。

錯誤方式

在球彈起後，太慢擊球。

修正方法

確定你的球拍及早向後，來球落到你這一方的球檯前，你就必須引拍到正確的位置。

圖2.1 正手攻球

(a)

引拍

1. 重心放在後腳
2. 小手臂張開
3. 上半身向後微轉
4. 球拍拍頭與球檯及前臂成90度

(b)

觸擊

1. 重心由後腳轉移至前腳
2. 轉腰
3. 上半身轉向球檯
4. 快收小手臂
5. 在球的最高點擊球
6. 以撞擊方式觸擊，不製造旋轉

(c)

跟上完成

1. 完成回擊重心在前腳
2. 動作完成後，球拍應該停在臉部的前方
3. 在一些重力回擊，球拍可能會停在身體的左邊（右手持拍者）

(d)

還原

1. 放低並放鬆小手臂
2. 雙腳回復到預備姿勢

當你的對手將球回擊到你這側球檯時，先將重心由後腳轉換到前腳些微向前擺動，接著上半身轉向球，轉移的重心越大產生的力量也越大。

球彈跳到最高點時擊球（圖2.1b），球拍向前揮並略微向上帶，用力擊球但不製造摩擦。你的小手臂向前向上增加球拍的速度，觸球時正好加速到最高點。

在桌球運動每次球拍擊球加速是非常重要的，重點並非以球拍很用力擊球，而是當球拍觸到球時球拍的加速。因此，所有球拍的擺動應從慢到快，為了達成此目標，小手臂必須在觸擊球時瞬間加速，而這只有在整隻手臂維持很柔軟與放鬆時才能做到。

錯誤方式

你的球拍並未結實的打到球而是觸擊到球拍的邊緣，以球拍的邊緣向前而非球拍的中心位置。

修正方法

因為在你觸擊球時球拍揮動得太快，記住球拍的揮動是由慢到快。

錯誤方式

觸擊球的瞬間缺乏力道。

修正方法

這個錯誤經常是因為手臂太緊繃，試著完全放鬆小手臂將力量集中在擊球的瞬間。

球拍繼續朝著你的目標揮去（你鎖定的球的落點），這個落點通常是在對手球檯靠近端線的角落或是對手執拍手肘的位置，完成攻擊後球拍的位置約在頭部的高度（圖2.1c），且身體的重心會完全轉移到前腳。

要將球打到對方球檯，在你擊球時將肩膀對著同個方向（開放的站姿，圖2.2）；如要將球打到邊線，擊球時你的肩膀則須向著邊線方向（封閉的站姿，圖2.3）。

圖2.2 將球打到對方球檯的身體位置（開放的站姿）

圖2.3 將球打到邊線的身體位置（封閉的站姿）

錯誤方式

你對於回球方向的控制有困難。

修正方法

確認你肩膀的位置對著你想讓球行進的方向,並讓球拍朝著目標落點往前揮去。

在完成後續動作,還原至預備姿勢(圖2.1d),放鬆你的小手臂將它往下放到自然的位置,並將你的雙腳帶回到預備姿勢。完整的揮拍是連續性的將手臂向後引拍到觸擊球,跟上完成動作,還原。

透過正手攻球,手腕應維持柔軟與放鬆,手腕力量的使用很少,即使是打一顆控制或中等速度的攻球。手腕瞬間發力全力攻球,這就是單元九中「得分球」說明,通稱為*殺球*。當學會攻球後,重點是在小手臂的瞬間發力但不使用手腕的力量。

正手攻球訓練1. 一個位置的正手攻球

找一位可以進行單元一(第9頁)10顆多球訓練技術的夥伴,餵上旋球到你正手做練習,使用正手攻球打法回擊所有的來球,將前面的10顆上旋球都打到對角,接下來的10顆都打直線球,最後的10顆球則是交替的打到對角與邊線的直線球。

一開始,將注意力放在僅運用小的球拍加速力量來控制球,快速收小臂並利用少許的重量轉移。當你控制球後,透過輕擺將你後腳的重心轉到前腳以增加回球的力量。

增加難度

• 請你的陪練員加速餵球的速度。

成效檢核

• 確認你是在球彈跳的最高點擊球。
• 確認你是用撞擊力量控制球僅產生些微的上旋。
• 檢查你在控制回球方向時從開放到封閉的站姿。
• 請陪練員對你的技術表現提供回饋。

成效計分

每次成功回擊一顆球即獲得1分,加總你三個定點回球的總分決定你的最後分數。

25~30顆成功地回擊 = 10分
20~24顆成功地回擊 = 5分
15~19顆成功地回擊 = 1分
你的分數_____

桌球
邁向卓越

正手攻球訓練2.　兩個位置的正手攻球

　　下一步要學習控制你的攻球，主要的是學會在移動中打出攻球。這項訓練，要請你的陪練員連續餵30顆球，交替發一顆上旋球在中線，另一顆在離正手位置較遠的落點（圖2.4），只能用正手攻球來回擊，來回移動。在移動時，你的腳是左右併步，任何時間兩腳都不能交叉。回擊前10顆球到對角，另10顆回直線球，最後10顆打對角與直線邊線球交互回擊。

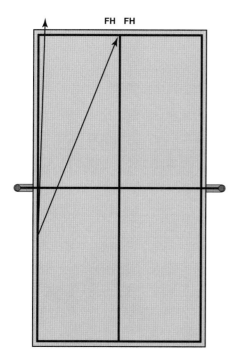

FH　FH

圖2.4　兩個位置正手攻球的餵球落點

增加難度
- 讓你的陪練員拉大兩球間的角度，迫使你做更大距離的移動。

降低難度
- 讓你的陪練員縮小兩顆交替球間的角度，減少你移動的距離。

成效檢核
- 確定自己在來球未落在你這一側球檯前你已經到達預備回擊的位置。
- 檢視自己是否維持正確的擊球方式。
- 請陪練員對你的技術表現提供回饋。

反手攻球

　　桌球是一種速度很快的運動，不像網球能有足夠時間讓你可以左右轉動身體做正手與反手的回擊，因此，發展出像正手攻球一樣但較短（快）的反手攻球，這個姿勢可以迅速的轉回正手擊球。

　　反手攻球的執行與正手攻球相同

單元二　攻球

的預備姿勢開始，右腳比左腳稍微後面一點（右手執拍者），擊球的位置是在身體的正前方，所以球拍引拍的距離較小，球拍引拍時幾乎觸及上腹部的位置，拍頭靠近球檯並與之平行（圖2.5a）。

圖2.5 反手攻球

(a)

引拍

1. 雙腳重心平衡或在左腳上稍微的加一點力
2. 小手臂放鬆，引拍至靠近上腹的位置
3. 球拍拍頭與球檯平行
4. 小幅的引拍

(b)

觸擊

1. 在球彈跳的最高點觸球
2. 以撞擊力量擊球不製造任何旋轉
3. 略高於球中心上方位置觸擊
4. 快速收小手臂向前打出上旋球
5. 小手臂以手肘作為支點

(c)

跟上完成

1. 小幅的跟上完成，直線向前往目標點揮去
2. 完成後球拍的位置在身體中線的右邊

(d)

還原

1. 放鬆小手臂將其放下到自然的位置
2. 回到預備姿勢

桌球 邁向卓越

錯誤方式

你的反手回擊不一致。

修正方法

確定你的小手臂是以手肘為中心支點，你在擊球時手肘不能抬起。

　　當你的對手將球打到你的球檯時，你的球拍開始向前揮動並在球彈跳到最高點時擊球（圖2.5b），球拍力道大多數是向前且略微地向上，在球中心略高的位置觸球，只有輕微的上旋。在

擊球的瞬間，小手臂以手肘為支點向前瞬間發力；若要減緩中等速度的來球時手腕不可發力，只有在要全力殺球時才運用手腕力量。

錯誤方式

你無法控制反手回擊的上旋球。

修正方法

確認球拍向前並略微向上帶出去觸球。

　　跟上完成的動作很快，球拍向前結束時停在過身體中心線略為向右的位置（圖2.5c），完成動作後，放鬆你的手臂，自然放下回到預備姿勢（圖2.5d）。必須想著每次回合都未結束直到你回復到預備姿勢為止。

反手三角

　　當以反手回擊時，試著將反手三角形具象化，將球拍擺在距離你身體中心線12~14英寸（30~36公分）前面的位

置，想像在球拍與你的雙肩膀之間所形成的三角形。在打反手攻球時，你需要移動身體讓球可以在這個三角形內（圖2.6），你可以看到反手比正手回擊球的距離較短，這須有許多小的步伐移動以確保球是在這個三角形內。此外，在這三角形內觸球的位置，就是你回球將前進的方向。謹記三角形的概念，在使用反手攻球時有助你更效的控球，也能幫助你學習到適當的移動身體以控制回球方向。

(a)

(b)

圖2.6　反手三角：(a)對角回擊的三角形；(b)直線回擊的三角形。

反手加速

當在學習反手攻球時,一開始以較慢的速度回球再加速效果較好。有一個不錯的技巧,就是想像這個過程就像你要為車子加速換檔一樣,你必須先從一檔開始再換成高速檔。

反手攻球(一檔——慢速)是小手臂的轉動輕微加速以控制擊球,小手臂的手肘須儘量靠近身體,此時不可使用手腕(圖2.7a)。

二檔(中速)開始同樣的基本擊球,當你觸球時小手臂會向前轉動並略為向上而手肘向前(圖2.7b)。這能使球拍加速並讓你將球打到對手球檯較深的位置,此時即使仍不用手腕來加速,在二檔(中速)你仍能打出強力的回擊球。

三檔(快速)則是全力的反手殺球,在此刻手臂擺動時手腕微微向身體後擺(圖2.7c),觸球與二檔時相同但是在球拍觸擊球的時候,手腕瞬間向前發力。

(a)

(b)

(c)

圖2.7　三個時機(檔)的反手加速:(a)第一檔小手臂轉動用少許的力量加速;(b)二檔,小手臂向前轉動並略微向上,手肘向前用力;(c)三檔,引拍時手腕向身體後方,在觸擊球時瞬間向前全力發力。

桌球
邁向卓越

反手攻球訓練1. 在一檔（低速）一個位置的反手攻球

　　找一位陪練員用多球訓練技術餵10顆上旋球到你的反手位，使用反手攻球回擊所有的來球（一檔──慢速），將前面的10顆上旋球都打到對角，接下來的10顆直線回擊，最後的10顆球則是交替對角與邊線直線球，確定你的身體位置正確可以讓反手三角形對著你想回擊的落點。

增加難度

• 請你的陪練員加速餵球的速度。

成效檢核

• 確定你是在球彈跳的高點擊球。
• 檢視自己的球拍是在球拍與雙肩所形成的反手三角形中間擊球。
• 檢視自己的小手臂是以手肘為支點擺動。
• 請陪練員對你的表現提供回饋。

成效計分

　　每個成功的回擊可獲得1分，將三種回球位置的分數加總起來決定你的總分。

　　25~30顆成功回球 = 10分
　　20~24顆成功回球 = 5分
　　15~19顆成功回球 = 1分
　　你的分數＿＿＿＿＿

反手攻球訓練2. 由一檔進入到二檔（中速）一個位置的反手攻球

　　重申，讓你的陪練員以多球技術穩定的餵上旋球到你的反手位，第一顆以一檔反手攻球安全的將球打到定點，第二顆以第二檔的速度方式回球。記住，當你進入到第二檔速度加快的回擊時，將你的手肘向前推增加球拍的速度。練習20顆回擊，將球都打到對角的位置。

增加難度

• 請你的陪練員加快餵球的速度。

成效檢核

• 檢視自己在第一檔（慢速）與第二檔（中速）之間的回球速度是否明顯易辨。
• 請陪練員提供回饋。

成效計分

　　16~20顆成功地將球打到對角線 = 10分
　　13~15顆成功地將球打到對角線 = 5分
　　10~12顆成功地將球打到對角線 = 1分
　　你的分數＿＿＿＿＿

反手攻球訓練3. 結合正手與反手的攻球

請你的陪練員餵兩顆球到你的反手，接著再餵兩顆球到你的正手，一共連續餵20顆球，使用反手與正手攻球將球回擊至對角線。

增加難度

• 請你的陪練員加快餵球的速度。

成效檢核

• 檢驗自己在回球時都能將球控制到對方對角落點。

• 請陪練員提供回饋。

成效計分
16~20顆成功地將球打到對角線 = 10分
13~15顆成功地將球打到對角線 = 5分
10~12顆成功地將球打到對角線 = 1分
你的分數_____

攻球的成效摘要

攻球被用來回擊帶有速度及略帶上旋的來球，你的攻球速度取決於你擊球的速度還有身體重心轉移至擊球的多寡。對抗快速來球，回擊通常較短較且快將球擋回給對手；對抗速度較慢的來球，揮拍弧度較長力量較大，並試著在這一擊得分。所有的攻球打法主要都是使用爆發力以達成最大力量的回擊，必須在球彈跳的最高點觸擊。

本單元所有的訓練步驟都是要幫助你學會控制正、反攻球的速度與落點，要確定自己是否準備好進入第三單元，加總你在這訓練的總分。如果你的得分在35分以上，表示你已準備好進入下個單元；如果沒有則表示你需要更多的練習。

正手攻球訓練

1. 一個位置的正手攻球　　　　　　　　　　　____/10

2. 兩個位置的正手攻球　　　　　　　　　　　____/10

反手攻球訓練

1. 在一檔（低速）一個位置的反手攻球　　　　____/10

2. 由一檔進入到二檔（中速）一個位置的反手攻球　____/10

3. 結合正手與反手的攻球　　　　　　　　　　____/10

總分　　　　　　　　　　　　　　　　　____/50

攻球的擊球是所有比賽中其他擊球的基礎，因此，在進到下一個單元之前，以這個打法做到良好的控球是非常重要的，下個單元會聚焦在瞭解步伐以及旋轉的理論。

23

單元三　瞭解旋轉與步伐

旋轉與步伐是桌球的兩個重要元素，範圍很小的球檯需要運用旋轉控制球並使它落在球檯上，整體來看，你製造與控制球的旋轉的技巧決定你能夠成為何種水準的選手。

桌球球檯的範圍很小，也意味著當對手擊球後，來球會以非常快的速度來到你面前，因此，桌球成為一種需要速度與爆發力的運動，為了達成這些動作，你需要建立一套組織完整的步伐。

在這個單元，你將學到旋轉理論的基本概念，以及如何在比賽區域內有效地快速移動。當能製造出越多的旋轉，你的擊球就越有力量；越能靈活地在球檯周邊移動，你就越有機會在比賽時擊出強而有力擊球。

旋轉理論

當你觸擊球的中心時球會產生旋轉，旋轉球在穿過空氣時會產生曲線，因為旋轉會讓球的一側比另一側有較大的空氣阻力，這力量使球向阻力較小的那一側轉動。

當球的旋轉力道越大時，它所產生曲線就越大，經由學習控制施加在球上的旋轉，你就越能控制球的軌道與回擊的落點。

你必須學會應用球的四種基本旋轉：上旋、下旋、側旋與無旋轉。

上旋

在球的上升期時擊球並且以球拍製造摩擦，球拍擺動從球的下方開始，在圖3.1，固定在球檯的輪子代表球，想像你面對著鐘面。球拍向上揮，在鐘面4點與12點之間的位置觸球，實際的觸球點取決於要製造多少旋轉以及對手的回球。

圖3.1　製造上旋球

1. 球員自球的下方向上揮（輪子代表球）
2. 球拍向前揮時觸擊輪子4點與12點鐘之間的位置
3. 球（輪子）旋轉行進的方向

　　上旋球會轉向行進的方向轉動，如同圖3.2所示，球的上方有較大的空氣阻力而下方阻力較小，這會使球的曲線向下。當上旋球觸擊檯面時，它會向前跳並維持在低的高度如圖3.3。

　　當你的球拍打出上旋球時，旋轉的力量會迫使球進入一種比一般撞擊球較高的軌道，為了控制你對手打來的上旋球，可在球拍較接近球時打在球中心點的上方（圖3.4），上旋的轉度越大的球，球拍的角度要越小，靠近球的上方擊球。

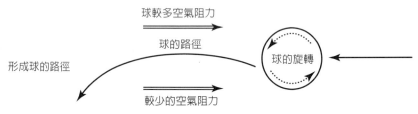

圖3.2　回擊上旋球時球的旋轉、行進方向、空氣阻力

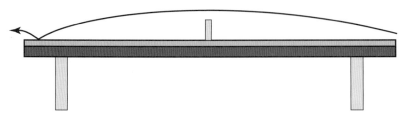

圖3.3　回擊上旋球的路徑

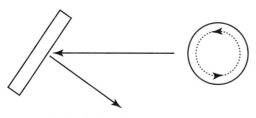

圖3.4　控制上旋的回擊

因為上旋會迫使球向下並讓球在觸及檯面後更快速的向前跳，球員通常都是運用上旋球進行攻擊，透過上旋球，你能控制速度較快的球。

下旋轉

下旋轉是透過在球的下降期觸球並製造摩擦，要打出這種旋轉球，球拍必須從高於球的位置開始（圖3.5的輪子表示球），利用面向鐘面為例，球拍向下移動，在球3點與6點鐘之間的位置擊球，實際觸擊球的位置，取決於旋轉的力道還有對手回擊來球的形式。

圖3.5　製造下旋轉

1. 球員由球的上方開始引拍（輪子表示球）
2. 球拍向下揮動，在輪子3點與6點中間的位置擊球
3. 球（輪子）往行進的相反方向旋轉

下旋轉的球向前行進時它的旋轉是對著你，如同圖3.6所示，球的底部比上頂部有較大的空氣摩擦力，這會使球的曲線向上。當旋轉球觸及檯面時，旋轉會使球向上彈起後而停留在接近檯面的高度（圖3.7）。

當下旋球觸及到你的球拍時，旋轉會迫使球進入到較一般回擊球還低的軌跡，為控制你對手的下旋球，須讓球拍以較開的角度觸擊中心點下方的位置（圖3.8），旋轉度越大的球，拍面就需越接近水平角度並鎖定更接近球的底部。圖3.8a顯示當以一般直立球拍角度接觸下旋球時，球在觸擊球拍後會向下行進。圖3.8b顯示較佳回擊下旋球的拍面角度，球拍觸擊球中心點的下方，接著球就能安全的躍過球網到對方的球檯。

單元三　瞭解旋轉與步伐

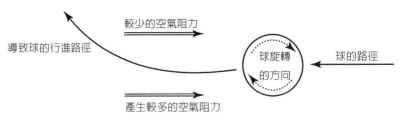

較少的空氣阻力

導致球的行進路徑

球旋轉的方向

球的路徑

產生較多的空氣阻力

圖3.6　下旋球的旋轉、行進方向、空氣的阻力

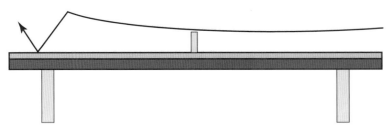

圖3.7　下旋球的行進方向

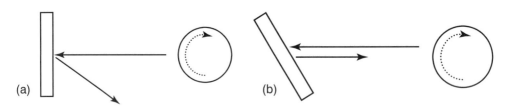

(a)

(b)

圖3.8　控制下旋球的回擊：(a)直立球拍回擊下旋球；(b)回擊下旋球的球拍角度。

　　球員使用下旋球大多是在防守，下旋球強力向下力量會讓對手的攻擊變得困難，也可能使得對手的回球下網。因下旋球在穿越空氣時會上升，球在空中的時間較久，所以回擊下旋球時不能使用快帶打法。

側旋球

　　側旋球有兩種，一是右側旋另一是左側旋，側旋球最常用在發球，可用任何的方式擊球，因為側旋球不會讓球上升或是下沉，側旋球幾乎都是與上旋或下旋合併運用。

　　一位球員以球拍觸擊球的右側時（圖3.10）則產生右側旋（圖3.9），右側旋會使球穿過空氣時在擊球者左側曲線行進，但是在對手的球拍觸擊後球則會向右側彈跳。

圖3.9 製造右側旋

1. 球員以反手發右側旋球
2. 球拍觸擊球（輪子代表球）的右側

球拍要回擊右側旋球，你的球拍角度必須觸擊球的左側（圖3.11），注意你必須觸擊對手製造球旋轉的同一側。

左側旋球的產生須以球拍觸擊球的左側（圖3.12），球會以曲線向著擊球者的右側穿過空氣向前行進（圖3.13），但在觸及對方球拍後卻會向著左邊彈出。

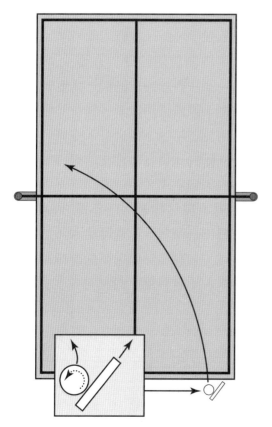

圖3.10 在球的右側擦過會使球轉向左邊，球在穿過空氣時向著左側曲線行進。

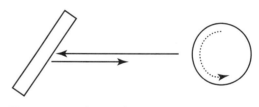

圖3.11 回擊右側旋球

單元三 瞭解旋轉與步伐

圖3.12 製造左側旋

1. 球員發左側旋球
2. 球拍觸擊球（輪子表示球）的左側

要回擊左側旋球，調整你球拍的角度觸擊球的右側（圖3.14），注意你必須觸擊對手製造球旋轉的同一側。

單純側旋僅使球向左或向右曲線前進，無法對於回球過網之高度有任何的控制，因為這個因素，球員們幾乎都會運用側旋結合上旋或是下旋球。中階與更高階的球員有時會在回擊時加上側旋，去製造出更大角度的回球，迫使他們的對手需移動較大的距離才能打到球。擊出一個有大量旋轉的球通常是用在發球，有關發球所運用的旋轉在單元五、九、十會有更多的說明。

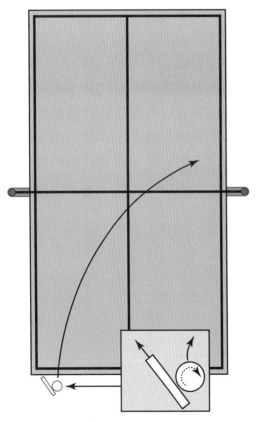

圖3.13 在球的左側擦過會使球轉向右邊，球在穿過空氣時向著右側曲線行進。

圖3.14 回擊左側旋球

無旋轉

當球拍直立打在球的中間時，會產生向前行進但無旋轉的回球（圖3.15）。要擊出一顆沒有旋轉的球其實是困難的，一顆無旋轉球的飛行路徑不穩定且無法預測，因此，要控制回擊這類球並不容易。無旋轉球主要為防守球員所使用，或偶爾用在發球。

要有效回擊無旋轉的球，你可用任何擊球的方法但需要在球的中心點擊球。

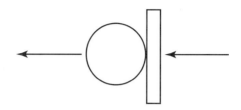

圖3.15　製造無旋轉球

旋轉訓練1.　下旋球過網與回擊

這是一個對於發展手部技巧（輕擺）非常好的訓練，同時可以學到如何製造大量的旋轉。站在靠球檯左側接近球網的位置（圖3.16a），在你這側球檯的網前擲一顆球，在球的下降期球拍以全開略微後仰角度向上擊球的底部（圖3.16b），你的目標是在將球打到對手的球檯上時盡可能製造更多的下旋（圖3.16c）。下旋的力量會使彈起的球往你的方向進行，只要經過一點練習，球在觸及對手球檯後彈起會向你的球檯方向行進過網，並落在你的球檯上。記住，在擊球時你要製造越多的摩擦越好，這種感覺好像是在舀球的感覺。完成10次練習。

成效檢核

• 確認球拍是向上刷在球的底部。
• 球落在對手球檯後，向上跳起時是向你的球檯方向行進。
• 球向你球檯方向行進得越快，表示你製造的旋轉就越多。

(a)

(b)

(c)

圖3.16　下旋球過網再往回彈的訓練：(a)站在靠近球網的位置；(b)球拍以全開略微後仰角度在接近球的底部向上摩擦；(c)球會跳回球員的方向。

7~10顆球過網後往回彈 = 10分

5~6顆球過網後往回彈 = 5分

少於5顆球過網後往回彈 = 1分

你的分數_____

旋轉訓練2. 運用地板球擊上旋球

這項訓練，向後退到距離球檯端線約5英尺（1.5公尺）的距離，以正手擊球的預備姿勢站好如圖3.17a，以非執拍手將球在腰的高度往地上擲，同時將手臂張開球拍往下擺彎曲右膝，確認你的球拍如圖3.17b一樣的低。此時，將拍面已近乎垂直的角度往上提並試著由下往上的方向刷球，觸擊球時（圖3.17c）儘量製造摩擦（旋轉），你的目標是將球打高於球網的高度好讓球落在對手的檯面。如果你能製造出適當的上旋，你會注意到球有往下的弧線（弧圈），而且球在落到球檯後會往前暴衝。完成10顆球的練習。

成效檢核

• 檢視自己是否打出有弧圈路徑的球。

• 注意看球在落桌後彈起向前衝的情況，這能幫助判斷你需要製造多少上旋的力量。

(a)

(b)

(c)

圖3.17　地板上旋球擊球訓練：(a)開始的位置；(b)屈右膝放低球拍擊球；(c)完成位置與球拍揮動之方向。

7~10顆成功的球落在桌上 = 10 分

5~6顆成功的球落在桌上 = 5 分

少於5顆成功的球落在桌上 = 1 分

你的分數_____

旋轉訓練3. 右側旋

在球檯右側靠近球網的位置，球拍拍頭朝下，讓球在你這側的檯面彈起，在球的下降期用反手拍頭朝下去觸擊球的右側，你的目標是在將球打過網時盡可能製造最大的右側旋。你應將球回擊到對方的檯面的中間，球會向左側彈起並向著左側的邊線出檯如圖3.18。記住，在你觸擊球時需盡可能製造摩擦。完成10球的練習。

成效檢核

• 檢視你球拍觸擊球的左側時拍頭應朝下。

• 注意你的球觸及己方球檯時往右跳的程度如何，這可以幫助你判斷需要製造多少的側旋。

7~10顆球在彈起後跳向右邊球檯 = 10 分

5或6顆球在彈起後跳向右邊球檯 = 5 分

少於5顆球在彈起後跳向右邊球檯 = 1 分

你的分數_____

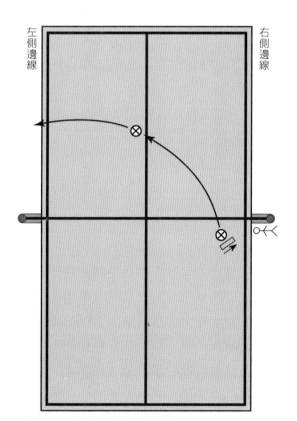

圖3.18　右側旋訓練時球的路徑

33

單元三　瞭解旋轉與步伐

旋轉訓練4. 左側旋

在球檯左側靠近球網的位置球拍拍頭面向下，當球在你這側的檯面彈起，在球的下降期用正手球拍面朝下去觸擊球的左側，你的目標是在將球打過網時盡可能製造左側的旋轉。你應將球回擊到對方的檯面的中間，球會向右彈起並向著右側的邊線出檯如圖3.19。記住，在你觸擊球時需盡可能製造摩擦。完成10球的練習。

成效檢核

• 檢視你球拍觸擊球的右側時拍頭應朝下。

• 注意你的球觸及球檯時往左跳的程度如何，這可以幫助你判斷需要製造多少的側旋。

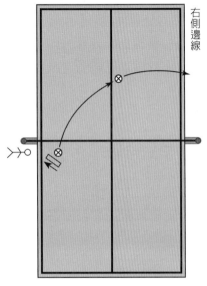

右側邊線

圖3.19　左側旋球訓練時球的路徑

成效計分

7~10顆球在彈起後跳向左邊球檯 = 10分

5~6顆球在彈起後跳向左邊球檯 = 5分

小於5顆球在彈起後跳向左邊球檯 = 1分

你的分數＿＿＿＿＿

步伐

你和對手之間有9英尺（2.7公尺）的球檯，當球以超過60英哩（97公里）的時速行進時，你僅有短暫的幾秒去判斷方向、速度與對手來球的旋轉度，並移動到適當的位置出手回擊；要進入這樣的正確位置不僅需要步伐的速度，還需要知道正確的步伐才能達到你想到位置。

在你學會如何移動之前，首先你必須學會如何將腳正確的踩在地板上。

對於快速的移動，你必須將身體的重心放在腳的前腳，腳跟微微離開地面（圖3.20）；要完成這個動作，先想像你的腳趾頭與前腳掌將它們定在地面。

讓你身體的重心放在前腳掌，並增加雙腳在地板上牽引的力量，這能確保穩定與快速的移動。

重申，將身體中心的重心放低，就像賽車一樣，中心的重心越低你就能更快的扭轉並維持良好的平衡，身體中心

圖3.20　腳跟離開地板的正確位置

的重心是在以肚臍爲中心的周圍，最容易將重心放低的方式是將兩隻腳站開一點，至少略寬於肩膀，身高較高的球員還必須在站得更寬一些。

現在你已經知道腳的位置，接著就能開始學習如何在球檯周圍有系統的結合移動的基本步伐。

　錯誤方式

你的雙腳在地面拖行。

修正方法

確定重心是在球那一側的腳上，這會增加你的牽引的力量。

單一步伐

單一步伐的移動（圖3.21）是用在非常快速的近距離防守，球員經常使用單一步伐回擊非常接近球網的球，快速的觸擊對手的快速回擊球。當這運動的速度增加時，單一步伐是目前運用最多的一種。

要向右側移動，一開始採預備姿勢，接著簡單的將右腳往球的位置跨

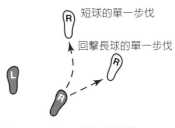

圖3.21　單一步伐的移動

出，左腳留在原處（圖3.22）；要向左側移動，一開始採預備姿勢，接著就將

(a)

(b)

圖3.22　單一步伐向右側移動：(a)從預備姿勢，左腳用力蹬；(b)右腳朝球的位置大步向外跨出。

35

(a)   (b)

圖3.23　向左移動一步：(a)預備動作；(b)將左腳跨向球的位置。

左腳往球的位置跨出，右腳留在原處（圖3.23）。當你結束回擊後一定要回復到預備的姿勢。

　　單一步伐的移動可以讓你快速地到達位置並迅速還原到預備姿勢，但它只能用在防守短球。此外，因為另一隻腳留在原地並未同時跟進，所以你無法轉移身體的重心對球發出更多的力量。

錯誤方式

使用單一步伐時過於靠近球，使你無法完全的揮動球拍。

修正方法

當你的右腳往球的方向跨出時，試著右腳放在你預測球大約會落桌的位置。

側步

　　側步（圖3.24）通常是用在中檔距離的防守，這步伐讓身體位於一個可以打出具爆發力一擊的位置，側步應該隨時被使用在中遠檔距離移動的防守（1~2公尺或3~6英尺），側步能往任一方向移動。

　　要運用向右的側步，將你的左腳滑向右腳後，接著右腳向球的方向跨出

圖3.24　側步的移動

去（圖3.25）；如果要向左邊側步則將上述方法往另一個方向進行。側步最後的完成動作是使你的身體回復到預備姿勢，在你完成擊球倒反步伐的順序回到最初在球檯前的預備姿勢。

圖3.25　側步到右側

(a)

預備姿勢

1. 完成正手擊球

2. 左腿用力啓動向右側移動

(b)

左腳的步伐

1. 將左腳滑到右腳

(c)

右腳向外跨出

1. 右腳向球的方向跨出

2. 移動到擊球的位置

(d)

擊球

1. 正手擊球

錯誤方式

你無法轉移身體的重心也無法將力量用在擊球上。

修正方法

經常練習移動雙腳到預備姿勢，只有在沒有時間可移動腳時才採用單一步伐的移動。

單元三　瞭解旋轉與步伐

錯誤方式

在你移動時失去平衡。

修正方法

在移動時將雙腳的距離再站開些，並身體中心的重心放低。

在桌球運動中多年來側步一直是步伐訓練中重要的項目，這個步伐可以讓你處在一個最佳的位置，以轉移全部身體的力量到每顆擊球，並將最大力量發揮到球的旋轉上。你能將雙腳移動至最佳位置並保持良好的平衡，也能快速回復到預備回擊下一顆球的位置。

側身步伐

側身移動（圖3.26）是將身體重心移動至反手角落，讓球員可以在反手的位置上進行正手攻擊，這個移動一定是從反手的預備位置開始，有時候是在向左邊側步（右手執拍者）後才開始這個動作。這個側身是由左腳向左大步跨出，並且完全在球檯左側邊線之外，接

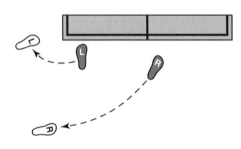

圖3.26　側身的步伐

著右腳向左移動完成這個側身的動作。球員位於球檯的左側之外，站在可以進行正手攻擊的位置。這是一個非常快速的移動，通常是雙腳必須同時跳起移動（圖3.27），留意雙腳朝向球檯的方向，這是重要的關鍵，因為這能使你的身體就定位並將身體重心與力量轉向前至目標。如果你是左手執拍者，就將這些步驟以相反方向進行。

圖3.27　側身步伐

預備姿勢

1. 右腳用力蹬離開地面
2. 左腳大步向左跨出
3. 完全在球檯左側邊線之外

(a)

圖3.27 側身步伐（續）

(b)

側身

1. 將右腳退到左側方的位置

2. 維持右腳在左腳後方

3. 轉動上半身進行正手攻擊

(c)

擊球

1. 打出強力正手弧圈球

2. 身體重心轉向朝著目標方向

3. 倒反動作將身體回復到預備姿勢

交叉步

　　當移動至正手位置時，交叉步（圖3.28）是用來防守較大的範圍，這步伐經常被以正手防守大部分檯面的球員所運用，通常由反手位的角落啟動正手攻擊開始。

　　交叉步由右腳向外跨大步（如果你是右手執拍者）（圖3.29）開始，左腳跨出放在右腳的前面然後擊球，擊球結束時右腿是在拉開的位置，這可以讓你使力回到左側；如果你是左手持拍者，則反向執行這些步驟。這是最進階的步伐，後面階段會用到更多這個步伐。

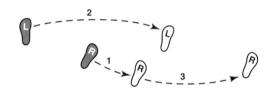

圖3.28　交叉步的移動

單元三　瞭解旋轉與步伐

圖 3.29　交叉步

(a)

預備姿勢

1. 站在反手位的角落，正手張開向前揮去

(b)

跨步

1. 向外跨步到正手位

(c)

向前交叉

1. 左腳交叉步

2. 當左腳交叉時，執行正手擊球

(d)

跟上完成

1. 完成擊球右腿張開

2. 回復到左側

錯誤方式

完成交叉步要回復到原來的預備姿勢有困難。

修正方法

確定在執行時，你應移動右腳向右跨大步（右手執拍者），這能讓你使力回到左側回復到預備的姿勢。

交叉步可讓你防守大範圍的區域時仍可打出具爆發力的球，以正手為主要打法的球員使用最多這個步伐，它需要腿部的力量進行這個移動。較年長以及以反手混合正手為主要打法的球員需要更多的平衡，通常是正、反手交換回擊不須防守這麼大的範圍。

步伐訓練1. 三個位置的正手攻球

讓你的陪練員以多球訓練方式餵給你上旋球，第一顆球須在你反手位的角落，第二顆是在球檯的中線，第三個在你正手的最遠位置（圖3.30）。餵完連續三顆球後，你的夥伴可稍微停頓讓你回復到預備姿勢再進行第二輪的餵球。

只能用正手攻球來回擊所有的餵球，以對手球檯正手位作為回擊的目標位置，這項訓練重點是在使用適當的側步移動，請你的陪練員餵給你30顆球。

增加難度

• 請你的陪練員縮短前一輪最後一顆球與下一輪第一顆球之間的停頓時間。

成效檢核

• 確定在移動中仍保持平衡。
• 檢查你使用側步而非單一步伐的移動。
• 請你的陪練員評估並為你的步伐評分。

成效計分

在進行這項訓練時，請你的陪練員以1（很差）~10（非常好）的評分區間來為你打分數。

你的分數_____

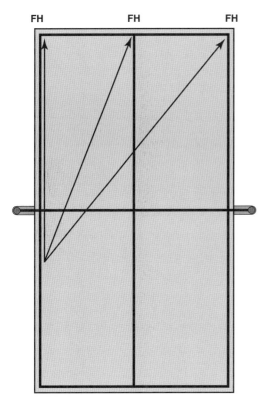

圖3.30　正手攻球訓練的三個餵球位置

步伐訓練2. 側身訓練

這個訓練，讓你的陪練員將球送到你的反手位置，完成兩個反手弧圈；再使用正確的側身步伐到你的反手位置，完成兩個正手弧圈，回到原來預備姿勢，完成10個回合40顆球的練習。

增加難度

• 讓你的陪練員加速餵球的速度。

成效檢核

• 確定你在側身時，你的腳要向著球檯方向。

• 確定你左腳第一步跨出的距離夠大，須完全在球檯左側邊線的外面。

• 請你的夥伴對你的步伐提供回饋。

成效計分

在你進行這項訓練時，請你的陪練員以1（很差）~10（非常好）的評分區間給你打分數。

你的分數_____

步伐訓練3. 法肯貝格（推、側、撲）訓練

這項訓練是世界上最受歡迎的訓練之一，它是以一個瑞典桌球俱樂部推廣這個步伐而命名，法肯貝格訓練結合側身正手與反手攻球和側步移動（通稱為推、側、撲步伐）。

這項訓練需使用三球模式，讓你的陪練員送兩顆球到你的反手位，再送一顆球到正手的中間位置，用反手攻球回擊第一顆球，接著側身移動到反手位角落位置以正手攻球回擊第二顆球（圖3.31），再以側步撲到你正手位的位置以正手攻球回擊第三顆球。重複10次三球練習共30顆球，你的陪練員在上一輪次（第三顆球）與下一輪第一顆球之間該短暫停頓，讓你有時間可以回復到預備姿勢。

增加難度

• 請你的陪練員減少輪次間的停頓時間。

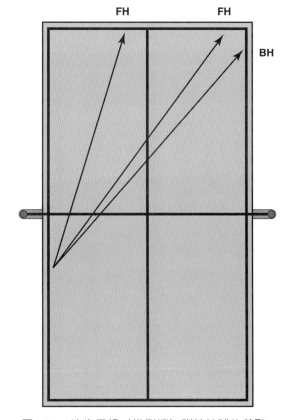

圖3.31 法肯貝格（推側撲）訓練時球的落點

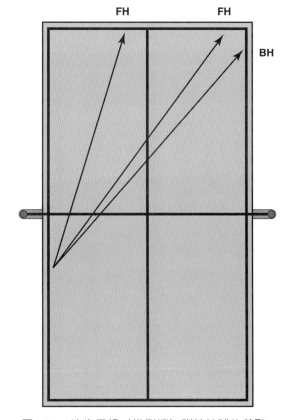

成效檢核

- 檢視自己分別運用了側身與側步的移動。
- 在回擊第三顆球後以最快的速度回復到預備姿勢。
- 請陪練員針對你的步伐提供回饋。

在你進行這項訓練時,請你的陪練員以1（很差）~10（非常好）的評分區間給你打分數。

你的分數＿＿＿＿＿

步伐訓練4. 法肯貝格（推側撲）結合交叉步訓練

這與前段所說的法肯貝格訓練步驟相同,除了三顆球的位置是在球檯的角落（圖3.32）,然而側步無法讓你從反手角落一步就到達正手位最遠的位置,你必須使用交叉步伐。當你在第一次嘗試這個訓練時,讓你的訓練夥伴在餵球的速度稍微慢一點,直到你習慣這樣的移動步伐。

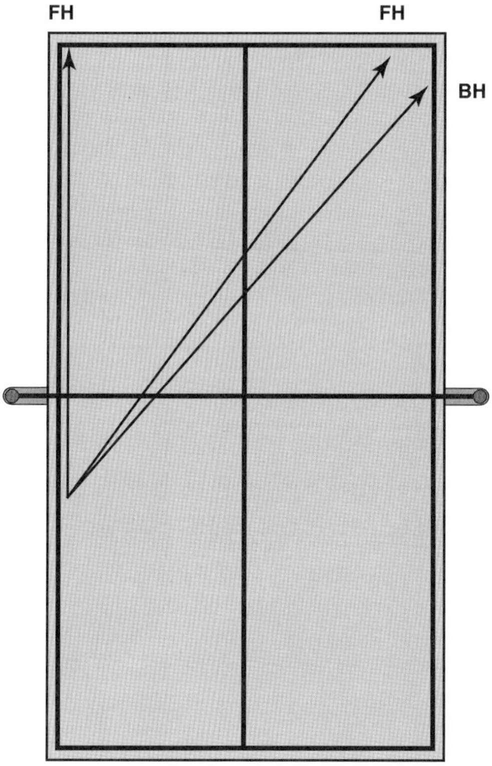

成效檢核

- 在一開始要以交叉步向最遠的正手位置行進時,確定你右腳是向右跨大步（右手執拍者）。
- 檢視當你的左腳交叉到右腳前面時正手回擊,左腳必須著地。
- 請你的陪練員給你回饋。

在你進行這項訓練時,請你的陪練員以1（很差）~10（非常好）的評分區間給你打分數。

你的分數＿＿＿＿＿

圖3.32 法肯貝格結合交叉步伐訓練球的落點

瞭解旋轉與步伐的成效摘要

在這個單元，你已學會基本的旋轉理論和正確的步伐，旋轉和步伐是桌球的特點，瞭解這些概念可以讓你進步且快速成為一位選手。本單元的所有訓練將幫你學到製造旋轉和正確的移動到球的位置。檢視自己是否能向第四單元前進，加總你在此單元訓練的分數，如果你的得分在60分以上，表示你已準備好可以向下個單元邁進；如果沒有，則表示你需要更多的練習。

旋轉訓練

1. 下旋球過網與回擊   ____/10

2. 運用地板球擊上旋球   ____/10

3. 右側旋   ____/10

4. 左側旋   ____/10

步伐訓練

1. 三個位置的正手攻球   ____/10

2. 側身訓練   ____/10

3. 法肯貝格（推、側、撲）訓練   ____/10

4. 法肯貝格（推側撲）結合交叉步訓練   ____/10

總分   ____/80

你已瞭解如何向球的位置前進還有可運用在桌球的旋轉理論，我們就可以開始學習如何在比賽中打出旋轉球。在單元四你會學到在比賽時最受歡迎與不同變化的擊球，所有旋轉球都是透過在觸球時的摩擦而不僅是力量，旋轉是桌球的重要元素，透過各種形式與旋轉力量來控制球是項令人興奮的技巧，也是一項有趣的學習。

STEP 4

單元四　執行旋轉擊球

在擊球中運用大量旋轉力量是桌球中非常重要的要件，單元三介紹旋轉的基本理論，在這個單元，你將學到能產生旋轉的基礎擊球，這些都是比賽時重要擊球，包括以搓上旋球對抗下旋與上旋的來球。

搓球

搓球是一種用來對抗對手下旋發球或下旋回球，這是你準備回擊（例如：試圖停止）對手下旋球旋轉最簡單的方法，因為下旋球在空中行進中球會上升，這類的下旋球你無法在自己的擊球增加太多的速度，因此，搓球成為主要的防禦與控制球落點的方式。在初階或甚至是中等水準的比賽，你能改變搓球的旋轉迫使你的對手犯錯而得分。

搓球的三個基本要件

如何觸擊球 = 最大的摩擦

何時觸球 = 在球的下降期

觸球的部位 = 球的底部

錯誤方式

你對於使用搓控制球的落點是有困難。

修正方法

確定你的球拍移向你的目標。

反手搓球

使用反手搓對抗長下旋的來球，反手小輻引拍接著使用小手臂，在觸擊球時手腕依各種不同的下旋而施力。

在第一次學習這種擊球，試著盡可能去製造最多的下旋轉，學習用球拍刷球以製造高度旋轉能幫助你控制這次的擊球。

從預備姿勢開始，移動到使球能

在單元二（第19頁）所介紹反手三角
的位置，以手肘為中心轉動你的小手臂
將球拍由後往前帶到身體的中間（圖
4.1a）。引拍結束時，你的拍面應該是
向上，你的臀部與肩膀應轉動使身體的
右側比左側（如果你是右手執拍者）些
微的靠近球檯。

圖4.1　反手搓

引拍
1. 將球拍帶到身體的中心
2. 擊球拍面全開的角度可以接觸到球的底
   部
3. 右肩與右臀部比左肩與左臀要稍微靠近
   球檯

(a)

觸擊
1. 小手臂向前伸展將球拍帶到球的位置
2. 在球彈跳最高點後開始下降時擊球
3. 在球最近身體的部位點觸擊
4. 球拍觸擊球下方的中心點
5. 在觸擊的同時手腕瞬間發力

(b)

跟上完成
1. 球拍朝著目標持續向前
2. 觸擊時手腕瞬間發力以增加球的速度
3. 擊球後，還原到預備姿勢

(c)

在球彈跳到最高點開始下降時即擊球（圖4.1b），試著讓身體維持靠近球，因此你僅需要小幅擺動就能打到球；當小手臂需要更多伸展才能觸擊到球時，就表示你對於回球的控制越困難。在觸到球時以你的球拍刷球的底部（摩擦）以產生下旋的回擊。

當第一次學習這種擊球時，大多數你只會使用小手臂加速球拍擊球；當你開始可以控制球時，在觸球時你的手腕瞬間向前發力以增加旋轉度。

在擊球以後，小手臂繼續向前伸展，擊球結束時球拍是向著你想回擊的目標位置（圖4.1c），整個擊球過程球維持擊球球拍全開的角度。

擊球結束時回復到預備姿勢，將手肘帶回到身體前，轉動你的臀部與肩膀回到原來的位置。

反手搓短球

反手搓短球通常是用在回擊短的下旋發球與擺短（drop shot），雖然這個打法與反手搓相同但是腳步卻不相同，這個打法需有更多快速還原到預備姿勢的移動。

對於多數到你反手位的短球，你的右腿需在球檯下方向前邁出（如果你是右手執拍者）（圖4.2a），如果球是向著球檯左側邊線而來，左腿向外踏出在球檯的外側（圖4.2b）。

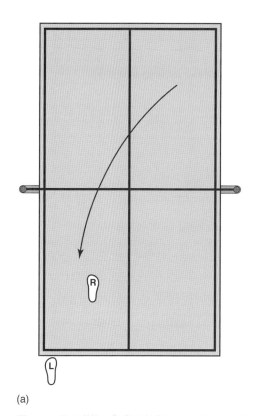

(a)

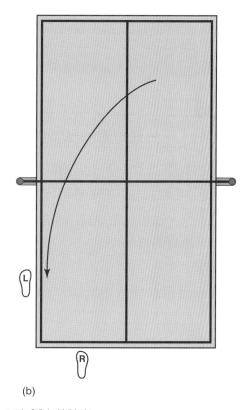

(b)

圖4.2　反手搓短球球的落點：(a)右腳向前踏出；(b)左腳向前踏出。

錯誤方式

在搓短球時你無法控制。

修正方法

維持手肘靠近身體不要向外伸展去觸球。

當你以搓去對抗短球時，你的身體會前傾在球檯的上方，這使你暴露在一種很容易受攻擊的狀態，如果你的對手接著又採取一個快攻，因此快速地回復到你原來的預備姿勢格外重要，前腳用力蹬以幾乎是後跳的方式回到原來的姿勢（圖4.3）。

(a)

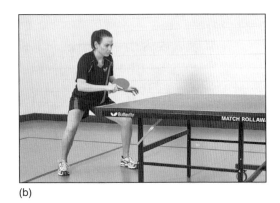
(b)

圖4.3 反手搓球後還原：(a)擊球後身體前傾在球檯上方；(b)跳回原來的預備姿勢。

搓球訓練1. 一個位置的反手搓球

讓你的陪練員以單元一所介紹的（第9頁）多球技術，餵20顆下旋球到你的反手位，使用反手搓將所有的球回擊到對手球檯的反手位置。

增加難度

• 請排練員餵給你以不同轉度的下旋球。

成效檢核

• 確定是在球彈起到最高點後往下落時才擊球。

• 觸擊球的中心點。
• 請你的陪練員針對你的姿勢以及回球的旋轉度給予回饋。

成效計分
18~20顆的成功回擊 = 10分
15~17顆的成功回擊 = 8分
12~14顆的成功回擊 = 6分
9~11顆的成功回擊 = 4分
少於9顆的成功回擊 = 2分
你的分數_____

桌球

邁向卓越

搓球訓練2. 長、短混合的反手搓球

請陪練員餵20顆的下旋球給你，一顆短球、一顆長球交替送到反手位，餵球者須使用單元一（第9頁）所介紹的多球餵球技術，你以反手搓回擊所有的球到對角位置，謹記須配合正確的腳步，且在每次結束搓短球後立即復原到預備姿勢進行下一個搓長球。

增加難度

• 請陪練員增加餵球的頻率。

成效檢核

• 檢驗自己是否維持正確的搓球姿勢。

• 跨步向前接了短球後快速回復到預備姿勢。

• 請陪練員針對你的動作和步伐提供回饋。

正手搓

就像是反手搓的對照，正手搓短球只需要短幅的引拍，執行時主要是以小手臂和手腕運用，小手臂主要是用在對抗短的回球，因為大多數的球員較喜歡對手攻擊到自己正手位的長下旋球。雖然，高水平球員在比賽時用得不是很多，但對於初學者而言正手搓球是一項重要且須熟練的技術。相較於引拍的姿勢，在反手與正手搓間有些許技術上的差異。

從預備姿勢開始，轉動你的臀部與肩膀使身體左側比右側更靠近球檯（右手執拍者）（圖4.4a），以手肘為支點轉動小手臂將球拍帶到右臀部的前面擊球，拍面張開向前。

當球彈起自最高點往下落時擊球（圖4.4b），再次強調，試著保持身體儘量靠近球，所以你只需要小幅擺動就能觸擊球。當你的手向前伸展越多就表示你越難控制你的回球，在觸球時你的球拍需刷（摩擦）過球的底部以產生回球時的下旋轉。

如同你在學習反手搓時，首先只需要使用小手臂去加速球拍觸擊，讓手腕在觸球的瞬間發力向前以製造更多的旋轉。許多球員發現在擊球時讓自己的頭去靠近球很有幫助，因這有助於記得以身體靠近球而不是僅以手靠近球。

在觸擊球後，你的小手臂應該向前伸直，結束時你的球拍是對著回擊目標（圖4.4c），擊球過程球拍拍面最張開的角度。

與反手搓球相同，你需要回復到預備姿勢，將手肘回復到原來的姿勢好讓球拍對著正前方，然後你的臀部與肩膀轉回原來預備姿勢。

單元四　執行旋轉擊球

圖4.4　正手搓球

引拍

1. 轉動上半身好讓左側臀部與肩膀比右側更靠近球檯
2. 以手肘為軸心轉動小手臂將球拍帶到靠近右側的肩膀
3. 張開正手拍面向著前方

(a)

觸擊

1. 上半身轉動向著球並將球拍帶到球的位置
2. 在球自檯面跳起到最高點往下落時擊球
3. 球拍打在球的中心點
4. 在觸球時手腕瞬間向前施力

(b)

跟上完成

1. 小手臂向前伸直向著目標
2. 手腕發力加速球拍觸球的速度
3. 擊球後回復到預備的姿勢

(c)

錯誤方式

你在回擊時製造球的旋轉有困難。

修正方法

在觸擊時利用手腕製造更多加速的力量。

桌球 邁向卓越

正手搓短球

　　以正手搓短球對抗對手下旋短球,可直接回給對手短球或長球;再者,對抗短球這項技術唯一的差異是在步伐。

　　所有到你正手的短球,在檯面下方右腳向前踏出回擊來球(如果你是右手執拍者)(圖4.5)。

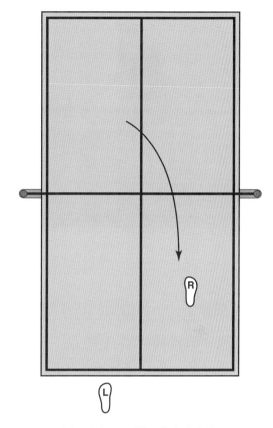

圖4.5　右腳踏出正手搓短球時球的位置

錯誤方式
球過網的高度太高。

修正方法
你觸擊球的位置太低,在球正下方的中心點,將擊球拍面角度略為收合。

　　使用正手搓短球,在完成這個動作時,你的身體前傾在球檯上方而右腳則是在球檯的下方。你必須快速的復原到預備姿勢,並準備好要回擊下一顆對手的攻擊,或者如果對手回擊較弱時啟動你自己的攻擊,前腳用力蹬並跳回原來的姿勢(圖4.6)。

(a)   (b)

圖4.6　正手搓短球後復原：(a)身體前傾在球檯上方而右腳則在球檯下方；(b)跳回到預備姿勢。

搓球訓練3.　一個位置的正手搓

　　請你的排練員以在單元一（第9頁）所介紹的多球餵球技術，餵20顆下旋球到你的正手位，用正手搓球回擊所有的球到對角。

增加難度

- 請你的陪練員餵給你各種不同旋轉度的下旋球。

成效檢核

- 球自球檯彈起自最高點往下落時擊球。

- 確定是在球下方的中心位置觸擊。
- 請你的陪練員依你回球的姿勢與下旋球的狀況提供回饋。

成效計分
18~20顆的成功回擊 = 10分
15~17顆的成功回擊 = 8分
12~14顆的成功回擊 = 6分
9~11顆的成功回擊 = 4分
少於9顆的成功回擊= 2分
你的分數＿＿＿＿

搓球訓練4.　混合長球、短球的正手搓

　　請你的陪練員餵20顆長、短交替下旋球到你的正手位，陪練員需以單元一（第9頁）所介紹的多球餵球技術，使用正手搓球回擊所有的球到對角。謹記，使用正確的腳步配合短球回擊，快速地回復到預備姿勢準備長球回擊。

增加難度

- 請你的陪練員增加餵球的頻率，這會迫使你在回擊短球後需以更快的速度回復到預備姿勢。

成效檢核

- 確定是以正確的姿勢搓球。

- 在跨步搓短球回擊後迅速地回復到原來的預備姿勢。
- 請陪練員針對你的動作提供回饋。

18~20顆的成功回擊 = 10分

15~17顆的成功回擊 = 8分

12~14顆的成功回擊 = 6分

9~11顆的成功回擊 = 4分

少於9顆的成功回擊 = 2分

你的分數_____

搓球訓練5. 八種擊球類型

要進行這項訓練，請你的陪練員以多球技術給你20顆下旋球，並交互的將球餵到你的反手與正手的位置。將前面的10顆球直線回擊到邊線，另10顆球則打到對角，你必須使用單元三所練習的側步腳步。

增加難度

- 請你的陪練員增加餵球的頻率。

降低難度

- 請你的陪練員降低餵球的頻率。

成效檢核

- 確定維持正確的擊球技術。
- 確定你是使用正確的腳步動作。
- 將回球控制到對方球檯的角落。
- 請你的陪練員提供回饋。

18~20顆的成功回擊 = 10分

15~17顆的成功回擊 = 8分

12~14顆的成功回擊 = 6分

9~11顆的成功回擊 = 4分

少於9顆的成功回擊 = 2分

你的分數_____

上旋的回擊球

上旋的回擊球的發展與現代的攻擊型比賽是平行進展的。首先，努力嘗試重度上旋球攻擊下旋球作為安全防守打法，在1950年代到1960年代初期非常普及。在球低點球拍刷在球的垂直面，能打出一個強力的上旋球，以高飛過網落在對手球檯後，以向下的弧線向前暴衝，這會使得打削球的選手很難防守。

這些在球的上升期所擊出的上旋球，因它的高度與弧線軌跡被稱為*弧圈球*。這些年來，許多球員已學會如何以強力的上旋球來對抗對手的上旋球（反旋轉），在現代的比賽，上旋與與反旋轉是最常被用的打法。在單元三的討論中提到，上旋可讓球員打出最大的速度但仍舊能以向後的弧度落桌。

對抗下旋的上旋擊球的三個基本要件

如何觸擊球 = 如果是慢速弧圈，需使用最大的摩擦；如果是快速弧圈則

須結合摩擦與撞擊

何時觸球 = 產生最大的上旋需在球的下降期，快速弧圈則須在球彈跳的最高點

觸球的部位 = 如果是慢速弧圈，對著球的底部；如果是快速弧圈，在球中心點的下方輕輕地觸擊

當使用上旋擊球時，你可以在球的行徑路線的許多點上擊球以製造各種的旋轉與速度。要製造最大的旋轉，需在球的下降期觸擊；要製造快速的上旋球，需在球彈起的最高點擊球。

正手上旋對抗下旋

正手上旋是新手球員最先學的上旋球，下旋的來球行進緩慢，所以你會有較多的時間回擊，因為對手在回球上又再加上旋轉，所以你可打出最多旋轉的球。

在一開始學習這種打法時，試著將球打過網並試著製造最多的旋轉。要對這種打法加速是很容易的，但將你的力量轉移到旋轉的球上很不容易學習，所以球發展手部技巧是必須的。

從預備姿勢開始左腳向前踏出（如果你是右手執拍者），將球拍帶到球的下方稍微後面的位置（圖4.8a），你的臀部和肩膀向右轉並將你的重心轉到右腿，手腕向下。

球移動的正面

永遠都要試著去觸擊球的正面。正面是這顆球面對行進方向的一部分，如圖4.7所示。當你學習每一顆上旋球的擊球時，謹記，最好是觸擊球的正面，例如：需在球的上升期，將球拍調整到各種角度觸擊球的正面中間位置。

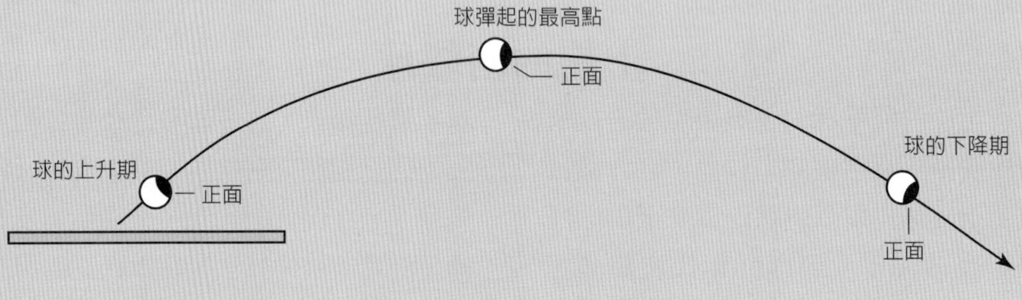

圖4.7　球在上升期、最高點、下降期正面

圖4.8 正手上旋擊球對抗下旋

引拍

1. 左腳向前（右手執拍球者）
2. 以腰部帶動上半身轉動將重心放在右腿
3. 放低右肩，右肩需比左肩低
4. 球拍放在比球低的位置
5. 手腕向下

(a)

觸擊

1. 球拍向上提
2. 球拍觸擊低於球中心的正面
3. 右腳蹬直將身體的力量轉移到球
4. 小手臂與手腕在觸擊球時瞬間發力增加
   球拍的速度

(b)

跟上完成

1. 將全部的重心轉移到左腿
2. 結束時球拍高舉表示這一擊打出最大的
   旋轉，但不是速度
3. 上臂與小手臂結束的角度是90度，這表
   示小手臂在擊球瞬間完全釋放爆發力
4. 擊球後放鬆執拍手並回復到預備姿勢

(c)

錯誤方式

你對製造上旋有困難。

修正方法

擊球時製造最大的摩擦與速度。

要製造一個速度慢但旋轉大的上旋回擊，你的引拍要非常低但不要將球拍帶到身體的後面，因為這會造成側旋轉。要能維持這樣的低姿勢，右膝微屈並將右肩放低（右手執拍者）（圖4.8b），這能讓你的重心放在右腿上，也會使你在擺動時能直線往上並將所有的力量轉移至製造上旋。

要製造快速上旋的回擊，你的引拍應該低於球，加多一點的引拍好讓手腕可向後向下。你的右肩仍舊低於左肩，身體再向右側多轉一點（圖4.9），這將使你的手臂在向前與向上擺動時轉移身體所有的力量製造旋轉與速度。

圖4.9　引拍以製造快速的上旋回擊

1. 球拍向後拍頭朝下
2. 肩膀向後並略微放低
3. 重心放在右腿上

 錯誤方式

在進行快速上旋回擊時沒有速度。

修正方法

在球彈跳至最高點時擊球並製造摩擦與力量，在擊球的同時轉移身體重心。

從引拍的姿勢開始，右腿用力蹬將力量轉移到左腿，同時，放鬆你的臀部、腰部，肩膀轉向左側，將球拍向上帶觸擊球中心的下方。觸擊時，小手臂與手腕加速（瞬間發力）製造球的摩擦。

要製造更強旋轉的慢球，必須在球的下降期擊球；如要製造快速但旋轉較少的回球，必須在球彈跳的最高點擊球。

在觸擊的最後，你的重心應該要轉移到左腳。如果你是製造慢速但旋轉度

大的上旋球，你的球拍最後會停在與頭同高的位置，手肘成90度（圖4.8c）。如果你擊出的是快速上旋球，那麼球拍的位置會些微的向前但手肘仍舊成90度。

要回復到中性的預備姿勢，放鬆你執拍手臂的肱二頭肌，將手臂放下到原來的位置；在同時，讓你的重心重新平均放在雙腳。

上旋訓練1. 兩個位置的正手上旋對抗下旋餵球

這項訓練，請你的陪練員以多球技術餵給你20顆下旋球，交替餵一顆在球檯的中間，另一顆餵在你的正手。正手上旋球的打法，試著去製造最大的旋轉而非速度，你可將球回擊到對手球檯的任何位置，記住一定要運用正確的腳步。

增加難度

• 請陪練員增加餵球的頻率。

降低難度

• 請陪練員降低餵球的頻率。

成效檢核

• 確定在球彈跳到最高點往下掉時擊球。

• 確定你可以製造最大的上旋。

• 確定你是使用正確的腳步。

• 請你的陪練員針對你所製造的上旋程度提供回饋。

成效計分

18~20顆的成功回擊 = 10分

15~17顆的成功回擊 = 8分

12~14顆的成功回擊 = 6分

9~11顆的成功回擊 = 4分

少於9顆的成功回擊 = 2分

你的分數＿＿＿＿＿

上旋訓練2. 兩顆慢、一顆快的正手上旋對抗下旋餵球

這項訓練，請陪練員以多球技術餵給你20顆下旋球到你的正手位置，以正手上旋回擊所有的球，前面兩顆球在下降期打出最大的旋轉，第三顆球觸擊球的上方以製造出更快的速度，運用正確的側步。

增加難度

• 請陪練員增加餵球的頻率。

降低難度

• 請陪練員降低餵球的頻率。

成效檢核

• 在球的下降期擊球以製造出最大的上旋，或在球的上升期以製造出最快的速度。

• 確定你回擊球時，前面兩顆製造最大的摩擦，第三顆則是打出最快的速度（快速弧圈）。

• 請你陪練員提供回饋。

成效計分

18~20顆的成功回擊 = 10分

15~17顆的成功回擊 = 8分

反手上旋球對抗下旋來球

以反手上旋球對抗下旋球的打法是在身體的正前方，它不像正手要側向一邊；正因如此，你較無法將身體重心的力量轉移到擊球，所以大多數的球員無法打出有爆發力的球。反手上旋球的力量主要是來自臀部、腰部、手腕，以及小手臂與手腕的瞬間發力。高水平的球員經常會改變至強力反手的握拍法，使得在擊球時可產生更多的力量。

在正常的預備姿勢，左腳比右腳稍微的往前一點（右手執拍者），這能讓你快速地轉換成正手的攻擊，反手上旋球能以這樣的姿勢開始，但許多球員覺得雙腳與球桌平行較容易擊球。從引拍開始雙膝必須微屈，將球拍置於低於膝蓋的高度（圖4.10a），同時，手腕向後微彎。在引拍時轉動你的肩膀，讓執拍手那一側的肩膀較非執拍手側的肩膀較近球檯。

圖4.10　反手擊上旋球

引拍
1. 雙腳與球檯平行
2. 轉動執拍手比非執拍那側的肩膀與臀部較靠近球檯
3. 將球拍帶到兩腿中間比球檯低的位置
4. 手腕向後向下
5. 雙膝彎曲，重心平均放在兩腿

(a)

觸擊
1. 開始擊球同時雙膝站直，臀部與肩膀轉向執拍手的那一側
2. 球拍向前向上帶
3. 在球的下降期觸擊製造最大的上旋
4. 手腕往向上向前瞬間發力

(b)

圖4.10 反手擊上旋球（續）

跟上完成

1. 小手臂與手腕向上瞬間發力以製造球拍最大的加速

2. 球拍停在與頭等高靠近執拍手那側的位置

3. 擊球後，球員放鬆執拍手回復到預備姿勢

(c)

要開始擊球時將雙腿蹬直並將臀部與肩膀略微轉向執拍手那一側，擊球時小手臂以手肘為支點向上轉，手腕向上向前瞬間發力以幫助製造球的上旋（圖4.10b）（圖4.11顯示的是右手執拍者擊球的動作）。

要製造慢速但旋轉度大的上旋球，需在球的下降期觸擊；要製造快速上旋球則需在球彈起的最高點觸擊。

擊球結束時，小手臂伸展而球拍停在與頭同高的位置（圖4.10c），肩膀與臀部則轉向執拍手的那一側，在你的腳回到執拍手那一側還原到預備姿勢，也執拍手畫圓回到準備動作。

圖4.11 右手執拍的球員反手上旋弧圈的擊球

上旋訓練3. 穩定的反手上旋對抗下旋餵球

這項訓練，請你的陪練員以多球技術餵給你20顆下旋球到你的反手位，用反手上旋回擊並試著去製造最大的旋轉而非速度，你可將球回擊到對手球檯的任何位置。

增加難度

• 請陪練員增加餵球的頻率。

降低難度

• 請陪練員降低餵球的頻率。

成效檢核

• 確定引拍至兩腿中間並低於球檯的高度。

• 將雙腿蹬直開始向前擺動手臂。

• 在球拍擊球時小手臂與手腕瞬間發力。

單元四 執行旋轉擊球

- 請陪練員對你擊出的上旋轉度提供回饋。

上旋訓練4. 兩顆慢、一顆快的反手上旋對抗下旋餵球

這項訓練，請你的陪練員以多球技術餵給你20顆下旋球到你的反手位置，以反手上旋回擊所有的球，前面兩顆球在球的下降期打出最大的旋轉，第三顆球觸擊球的上方以製造出更快的速度，運用正確的側步。

增加難度

- 請陪練員增加餵球的頻率。

降低難度

- 請陪練員降低餵球的頻率。

成效檢核

- 在球的下降期擊球以製造出最大的上旋，或在球的上升期以製造出最快的速度。
- 確定你回擊球時，前面兩顆製造最大的摩擦，第三顆則是打出最快的速度（快速弧圈）。
- 請你的陪練員提供回饋。

上旋訓練5. 一顆反手、一顆正手的上旋

這項訓練，請你的陪練員以多球技術餵給你20顆下旋球到你的反手位，第一顆以反手上旋回擊，然後側身到你反手位的角落位置以正手上旋回擊第二顆球，反手與正手交替回擊20顆球，運用你在單元三學到的正確的側身步伐。

增加難度

- 請陪練員增加餵球的頻率。
- 慢速與快速上旋球交替回擊。

降低難度

- 請陪練員降低餵球的頻率。

成效檢核

- 所有的回擊均維持正確的模式。
- 使用正確的步伐。
- 請陪練員提供回饋。

桌球
邁向卓越

反旋轉的擊球

以上旋對抗對手上旋稱為*反旋轉*，當你要成為一位選手時這個打法變得很重要，在專業的球員的比賽裡這是主要的打法。

反旋轉是一種獨特的打法，它是一種可在近檯或遠檯的打法，同時能製造出不同上旋程度與速度的大範圍回擊，如果球員採遠檯打法，在球的下降期擊球即可打出高強度的上旋球；如果球員是近檯打法，則可在球彈起的最高點擊球以打出最快的速度，這種打法可給對手製造最大時間壓力。

反旋轉擊球的三種基本要件

如何觸擊球 = 如果球已下降，用更多的摩擦擊球而非力量；如果球是在彈跳的最高點，在摩擦與力量的運用上必須平均；如果球是在上升期，則使用更多的摩擦借力將球帶回擊給對手

何時觸球 = 如果球是在遠檯，則在球彈起的最高點或下降期擊球；如果是在近檯，則在球彈起的最高點擊球以打出最快的速度，或是在上升期將球借力打回給的對手

觸球的部位 = 如果球是在下降期，在球正面的中心位置擊球；如果球在彈起的最高點，在球正面中心的上方擊球；如果球是在上升期，在球正面的上方擊球

正手反旋轉

從預備姿勢非執拍手那側的腳略微向前開始，彎曲執拍手膝蓋轉移你身體的重心到執拍手那一側的腿，轉動你的上半身到執拍手的那側，你的球拍應該是在比來球更低的位置（圖4.12a）。然而，你的球拍不須像對抗下旋球時的上旋球般的低，伸展你的小手臂，將手腕後彎讓擊球拍面角度收合。

圖4.12 正手反旋轉的擊球

引拍
1. 非執拍手那側的腳略微向前
2. 上半身轉向執拍手那一側
3. 重心放後腳
4. 小手臂外展
5. 手腕向後
6. 球拍略為低於來球的高度

(a)

61

圖4.12　正手反旋轉的擊球（續）

(b)

觸擊

1. 將重心由執拍手的一側轉移到另一腿部
2. 轉動上半身將球拍帶到球的位置
3. 在球彈跳的最高點，以拍面略微收合角度擊球（最快速度）
4. 小手臂與手腕在觸擊球時瞬間發力增加球拍速度

(c)

跟上完成

1. 重心完全轉移到非執拍手的那側的大腿
2. 上半身轉向非執拍手的那一側
3. 小手臂在結束時呈90度並製造出最大的加速
4. 結束時球拍停在頭的高度
5. 擊球後，放鬆執拍手並回復預備姿勢

錯誤方式

你常常將球打到球檯外。

修正方法

調整你擊球的位置鎖定比球更高的位置，運用更封閉的拍面角度。

　　要開始反旋轉向前的動作，執拍手那一側的腿要先用力蹬並將身體略微往後轉，那麼你的球拍就能向前向上揮，在球正面中心點的上方球拍以較小的角度擊球（圖4.12b）（圖4.13顯示選手右手為執拍手擊球）。你的對手的回擊若越靠近球的底部，你的球拍的角度就必須越小。須注意你的擺動較以上旋回擊下旋球方法時更接近水平高度，你需試著向前擊球。

圖4.13　右手執拍者以正手反旋轉方式擊球

在結束擊球時，你的重心應該回到非執拍手那側的腿部，而球拍大約停在與頭同高的高度（圖4.12c），你的手肘應是在90度的角度。

要回復到中性的預備姿勢，放鬆執拍手的肱二頭肌，將手臂放下到原來的位置；同時，讓你的臀部與肩膀也轉回原來的預備姿勢，使重心平均分散在雙腳。

反旋轉訓練1. 退檯的兩個正手位置反旋轉擊球

這項訓練要請你的陪練員以多球技術餵球給你，一顆上旋球送到球檯中間位置，接著另一顆上旋到你正手位。餵球者要從一般在球檯側面靠近球網的位置，換到幾乎是接近端線的位置（圖4.14），這樣可讓餵球者有較多的手臂擺動空間以增加球的上旋轉度。你應該站在球檯端線後面幾英尺的位置，這距離可讓你在球出桌後的下降期擊球，運用最佳的側步伐與正手反旋轉擊球。

增加難度

• 請陪練員增加餵球的頻率。

降低難度

• 請陪練員降低餵球的頻率。

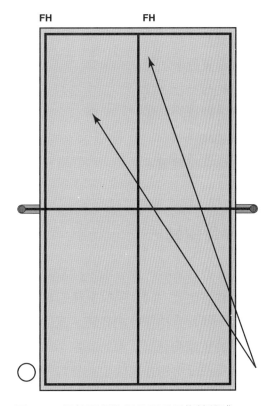

圖4.14　退檯兩個位置的正手反旋轉擊球

單元四　執行旋轉擊球

成效檢核

- 在球的下降期擊球。
- 拍面收合角度擊球。
- 將你的重心由右腳轉移到左腳（如果你是右手執拍者）。
- 請你的陪練員針對你擊上旋球與腳步的品質提供回饋。

反旋轉訓練2. 前進與後退的正手反旋轉擊球

在這項訓練中，請你的陪練員運用多球技術餵給你20顆上旋球到你的正手位置，從較靠近球檯的位置以正手反旋轉回擊兩顆球，試著在球彈跳的最高點回擊，然後回到中遠檯的位置以正手反旋轉再回擊兩顆球，重複這個模式。

增加難度

- 請陪練員增加餵球的頻率。

降低難度

- 請陪練員降低餵球的頻率。

成效檢核

- 在球彈起時確定你成功地調整正確的

時間點靠近球檯，在你退檯時讓球下降。
- 專注在球的下降期製造更多的上旋轉度，在上升期製造更快的速度。
- 請你的陪練員提供回饋。

反手反旋轉

一直到最近，僅有橫拍握法的球員才能發展出強力的反手反旋轉的擊球，然而，隨著直拍橫打的發展，直拍握法的球員也能夠克服反手的缺點。反手反旋轉打法最常用在球開始上升時的近檯攻防，然而，它也可有效地運用在中檯距離的攻防。

通常反手的反旋轉打法左腳必須

先前踏出（右手執拍者），好讓擊球者可以快速的移動至正手的位置。然而，擁有強力反手的球員在使用這種打法時可能較喜雙腳與球檯平行。開始擊球時必須將重心轉移到非執拍手那一側的腿，並將肩膀與臀部轉向非執拍手那一側，將球拍往後帶到靠近非執拍手那側臀部的位置，球拍的角度較小（圖4.15a）。

桌球
邁向卓越

圖4.15　橫拍握法的反手反旋轉擊球

引拍

1. 屈膝將重心轉移到非執拍手那一側
2. 將球拍帶到非執拍手那側略低於腰的位置
3. 球拍拍面是收合的角度
4. 手腕向後彎

(a)

觸擊

1. 將重心轉移到執拍手那一側的腳
2. 將球向前向上帶
3. 在反手三角形的中心位置球拍拍面略為前傾擊球
4. 在球的上升期觸擊借球的速度將球回給對方
5. 在觸擊時，小手臂與手腕瞬間發力以製造球拍的最大加速

(b)

跟上完成

1. 以手肘為支點轉動手臂最後停在與肩同高的位置
2. 完成時手腕是在向前的位置
3. 完成時拍面前傾
4. 擊球後，放鬆執拍手回復到預備姿勢

(c)

單元四　執行旋轉擊球

錯誤方式

球持續的連續觸網。

修正方法

調整球觸擊球的部位，對準球的下方並將球拍拍面角度調整張開些。

在準備要觸擊時，將你的重心轉移到執拍手那側的腳上，將臀部與肩膀轉向執拍手的那一側，在反手的三角形區域內擊球（圖4.15b）（圖4.16顯示一位右手執拍的球員的擊球姿勢）。要產生最大的力量，須在球彈跳的最高點觸擊在球正面高於中心的位置，在觸擊時要平均力度與摩擦，如果你是在球的上升期擊球需以摩擦方式觸擊球正面的頂部。

如果你是直拍橫打球員，你可以直拍握法打出非常有效一擊，它的原理與使用橫拍握法一樣，除了觸擊球的時間點，你必須對著想要的目標向前伸展手肘（圖4.17）。

圖4.16　右手執拍橫拍球員以反手反旋轉方式擊球

圖4.17　直拍橫打握法的反手反旋轉擊球

1. 直拍握法
2. 使用球拍的反面
3. 在觸擊時，注意將小手臂向前推向預設目標

擊球結束時，球拍應該在與肩同高的位置（圖4.15c），你的重心應該是在執拍手那一側的腳上；還原，就是將球拍畫圓到你的執拍手側，將手肘與球拍還原到預備姿勢，快速地將重心平均分散在雙腳上。

反旋轉訓練3. 退檯反手反旋轉擊球

這項訓練，要請你的陪練員餵20顆球到你的反手位，餵球者要站到接近端線的位置好讓他能再增加上旋球轉度，你應該站在距球檯端線數英尺的位置，這距離要足可讓你在球出檯後的下降期觸擊。運用反手反旋轉的打法回擊所有的球，前兩顆球回擊到對角，而後兩顆球則直線回擊到邊線，重複這些動作，記住做好你的反手三角形讓它對準目標。

增加難度
• 請陪練員增加餵球的頻率。

降低難度
• 請陪練員降低餵球的頻率。

成效檢核
• 由擊球拍面向下的前傾角度在你左側臀部開始。
• 在反手三角形中心區域擊球。
• 在回擊時轉動你的肩膀（反手三角形）來控制球的方向。
• 確認你利用摩擦觸擊打出一定轉度的上旋球。
• 請你的陪練員提供回饋。

成效計分
18~20顆的成功回擊 = 10分
15~17顆的成功回擊 = 8分
12~14顆的成功回擊 = 6分
9~11顆的成功回擊 = 4分
少於9顆的成功回擊 = 2分
你的分數_____

反旋轉訓練4. 前進與後退的反手反旋轉擊球

這個訓練要請你的陪練員利用多球技術餵20顆上旋球到你的反手的一個落點，從近檯開始先打兩顆反手反旋轉，試著在球彈跳的最高點擊球；接著退到中檯再打兩顆反手反旋轉球，在球的下降期擊球；重複這樣的順序。

增加難度
• 請陪練員增加餵球的頻率。

降低難度
• 請陪練員降低餵球的頻率。

成效檢核
• 在球彈起時確定你成功地調整正確的時間點靠近球檯，在你退檯時讓球下降。
• 專注在球的下降期製造更多的上旋轉度，在上升期製造更快的速度。
• 請你的陪練員提供回饋。

成效計分

18~20顆的成功回擊 = 10分
15~17顆的成功回擊 = 8分
12~14顆的成功回擊 = 6分
9~11顆的成功回擊 = 4分
少於9顆的成功回擊 = 2分
你的分數_____

反旋轉訓練5. 兩顆反手、兩顆正手反旋轉側身擊球

餵球者以多球技術穩定的餵上旋球到你的反手位，先打兩顆反手反旋轉；再使用最佳步伐，側身到反手角落以正手反旋轉回擊兩顆球；重複這個套路，記住要使用正確的側身步伐。

增加難度

• 請你的陪練員增加餵球的頻率。
• 請你的陪練員餵給你不同上旋程度的球。

降低難度

• 請你的陪練員降低餵球的頻率。

成效檢核

• 保持每顆球的正確回擊。
• 確定你使用正確的步伐。
• 請你的陪練員提供回饋。

成效計分

18~20顆的成功回擊 = 10分
15~17顆的成功回擊 = 8分
12~14顆的成功回擊 = 6分
9~11顆的成功回擊 = 4分
少於9顆的成功回擊= 2分
你的分數_____

旋轉球擊球的成效摘要

這個單元主要是介紹基本的旋轉擊球，旋轉是桌球的重要元素，而你在本單元所學到的擊球方式提供你成為一位選手所需要的工具。

此單元的所有訓練將有助你在球上製造旋轉並控制旋轉與速度之質量。

要檢視自己是否已準備好要進入第五單元，加總你所有訓練的分數，如果你的得分在130分以上，表示你已準備好進入下一單元；如果未達到這個分數，你則需要更多的練習。

搓球訓練

1. 一個位置的反手搓球   ____/10
2. 長、短混合的反手搓球   ____/10
3. 一個位置的正手搓   ____/10

        4. 混合長球、短球的正手搓 ____/10

        5. 八種擊球類型 ____/10

上旋訓練

        1. 兩個位置的正手上旋對抗下旋餵球 ____/10

        2. 兩顆慢、一顆快的正手上旋對抗下旋餵球 ____/10

        3. 穩定的反手上旋對抗下旋餵球 ____/10

        4. 兩顆慢、一顆快的反手上旋對抗下旋餵球 ____/10

        5. 一顆反手、一顆正手的上旋 ____/10

反旋轉訓練

        1. 退檯的兩個正手位置反旋轉擊球 ____/10

        2. 前進與後退的正手反旋轉擊球 ____/10

        3. 退檯反手反旋轉擊球 ____/10

        4. 前進與後退的反手反旋轉擊球 ____/10

        5. 兩顆反手、兩顆正手反旋轉側身擊球 ____/10

總分 ____/150

　　你現在對於比賽時所需的基本擊球技術已非常熟練，然而實際的得分並不是從擊球開始，而是來自發球或接發球。單元五會將重點放在發球，這是比賽時最重要的部分。

單元四　執行旋轉擊球

單元五　發球

在所有使用球拍的運動中，發球者通常具有極大的優勢，發球應可以贏得主要的分數，因為終究接發球者不知道發球者會發出哪一種旋轉與速度的球到什麼位置。這使得發球與回擊發球成為比賽時兩種最重要的擊球，沒有其他的球類像桌球有這麼多變化與如此複雜。近年規則已有改變，規定在發球時球必須全程被接發球者看到，這表示發球者在將球往上拋起後，他的非執拍手必須即刻從身體與球檯間移開，這樣就不會擋到接發球者看球的視線。

要成為好的發球者，你必須發展出能使球高度旋轉或者可控制球速度與落點的極佳精細動作技巧，當你的發球技術進步時，你會發現這些相同的手部技巧能被運用到比賽時的其他擊球，發球練習應列入每日常規訓練的一部分。

在桌球運動中，發球是使用一種力量迫使對手回球，使發球者可用最強最快的擊球去得分，因為大多數的球員在第一次正手攻擊時力量較大，在現代比賽中多數的發球都是從右側正手發到對手反手的角落。發球的位置由發球者設定要能使用正手去攻擊絕大多數的回球。反手發球較常被具有強力反手攻擊的球員所運用，在中階或是進階的比賽，球員持續地改變他們發球旋轉的形式與力道以及發球的落點，好讓他們的對手失去平衡。

發球的三個基本要件

如何觸擊球 ＝ 依不同的發球形式而有變化；要製造最大旋轉的發球，球拍刷過球時儘量用摩擦接觸；要發較快的球，則需擊球時混合摩擦與撞擊；要發出快速球則使用更多的撞擊

何時觸球 ＝ 依照規則，發球必須向上拋球，離該掌心至少15cm的高度，球由最高點往下落時才可擊球（請見第xviii頁，譯註三）

觸球的部位 ＝ 取決於這個發球要製造何種旋轉

發球的四項元素是旋轉、速度、落點與欺敵，這個單元的重點是在旋轉、速度與落點，在單元十你將學到如何在比賽時使用欺敵的發球方法。

發球的分類是依據球落在接發球方球檯上的彈跳，這個單元會強調如何執行一些基礎發球：

- *發短球*，這類發球是球在接發球方球檯的第一跳距離球網很近，如果沒有被回擊，球會彈跳多次後才跳出端線。發短球會讓手很難全力揮拍而阻礙攻擊，接發球員通常也會回一顆短球以阻止發球者的攻擊。
- *半出檯發球*也稱為兩跳發球，這類的發球，在接發球方的第一跳大約是球檯中間的位置，如果沒有被回擊，那麼第二跳會落在靠近端線的位置。半出檯發球常用來混淆對手，因為球的距離很難以回短球的方式回擊，但這個距離又無法進行有效攻擊。
- *發長球*通常速度很快而且直接到對手球檯的角落或靠近對手身體，這種發球對於速度較慢並預期短發球的對手是很容易奏效的戰術。

瞭解發球

所有發球都有些共同的元素，例如：在發球時你必須盡可能在距球檯最近的位置擊球；高於球檯擊球產生向下的力量，會造成球在對手檯面彈跳較高；在接近檯面高度位置擊球，球的彈跳會較低，會使你的對手較不容易攻擊。

學習在發球時觸擊球不同的部分去製造不同旋轉的球，當你觸擊球中心點以外的任何位置就會製造出扭力或旋轉，你也可學習觀察球的哪個部分被觸擊來判斷對手的發球。

試著在觸擊球時儘量加快球拍的速度，你就能打出最大旋轉度的球。學習在觸擊球時運用你的小手臂與手腕像揮鞭一樣動作，可使球拍的速度增加到極致。

錯誤方式
你的發球落桌時彈跳太高。

修正方法
在接近球檯面高度擊球。

錯誤方式
你的發球沒有旋轉。

修正方法
觸擊球時使用最大的摩擦，小手臂與手腕做出揮鞭的動作以製造球拍最大的加速。

如果你是橫拍的握法，採用正手發球時需改變球拍的握法，球拍握在姆指與食指之間，握著球拍底板而不是拍柄（圖5.1），其他的手指應完全收握不

桌球

邁向卓越

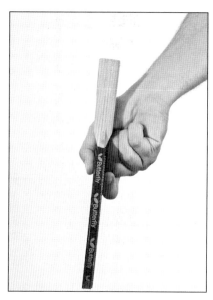

圖5.1　橫拍正手發球球拍的握法

圖5.2　反手發球的握拍法

碰到球拍；這樣的握拍方式可讓你的手腕有較大的轉動，這有助製造旋轉與掩飾發球動作。在發完球後，只要將其他手指張開回復橫拍握法將球拍握著，就能繼續進行後續的比賽。因為直拍的握法就已提供手腕最大的轉動，所以發球時不需調整球拍握法。

　　一般而言，正手發球會站在球檯反手的角落，並製造下一個正手攻擊的機會，比賽時最常使用正手發球；通常，反手的發球是用來改變正手發球的節奏，並安排一個反手的攻擊。反手發球使用一般的橫拍握法（圖5.2）即可。

　　一個合法的發球，球必須先在你的球檯彈跳後在未碰觸球網與球網組合的高度越過球網，落在對手那一側的球檯。要發一個長且快速的發球，首先第一跳必須靠近自己球檯的端線位置（圖5.3）。要發出快速長球你需要盡

量利用球檯（2.7公尺）的長度，讓你的第一跳儘量靠近你這一側球檯端線的位置，這能讓你的製造出最大的速度並讓球有效地落在對手的球檯；短的發球必須讓球在你這側球檯的第一跳儘量靠近球網；半出檯的球第一跳則須在你這側球檯中間的位置。

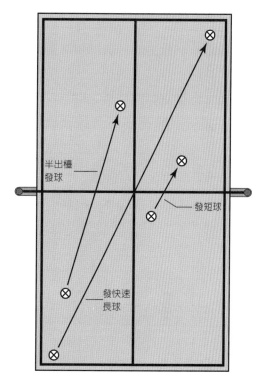

圖5.3　球第一跳的位置

錯誤方式

你對於發球落點的控制有困難。

修正方法

專注在發球時在你這一側球檯第一跳的正確落點。

桌球規則規定發球在一開始須將球以近乎垂直的角度往上拋起6英寸（15公分）並在球往下掉時才可擊球（請見第xviii頁，譯註三）。這使比賽時發球的擊球需在球垂直落下時，這表示當你要擊球時球的正面已經非常低了（圖5.4）。

正面

圖5.4 當球往下掉時球的正面是球的底部

發短球

通常，正手與反手發球都是從反手球檯角落的位置開始，所有的正手發球都是使用正手發球的握拍法，轉動你的身體讓左肩與左腳（如果你是右手執拍）略為向前；而反手的發球，則是使用一般正常的橫拍的握法即可。記住，正手發球時在球往上拋起後，你的非執拍手要立即從身體與球檯之間移開，這是為了遵守發球規則不可以非執拍手阻擋了接發球者在發球過程中看球的視線；如反手發球，你則必須讓自己的右肩與右腳向前些靠近球網。

要發出一顆帶有最大下旋且具質量的短球，需要建立很多手部的技巧，你的球拍需要觸擊球的底部，在拋球球往下掉時，將球拍帶到球的底部再向前向上甩劃出（圖5.5）。

(a)

(b)

圖5.5 發下旋短球的觸擊點：(a)正手發球；(b)反手發球。

第一跳，在你這側球檯靠近球網的位置，第二跳需在對手球檯接近網的位置，如果球沒有被回擊，這顆球應該會在球檯彈跳三次以上才出桌。一顆高質量的下旋短球，應該在第二跳起時反向往球網的方向行進。

正手下旋發球

執行正手下旋短球發球（圖5.6），須完全站在左側邊線外面，這樣你的左手正好在左側邊線上（右手執拍者），你的左腳應在右腳的前面，而你的上半身應該與球檯左側邊線平行，在準備要發球時執拍手與非執拍手很接近。

從張開的手掌將球向上拋起至少6英寸（15公分）（請見第xviii頁，譯註三）高，同時將上半身轉向右側，將球拍帶到預備姿勢。此時球拍的擊球面應向上手腕向後彎，當球由最高處往下掉時，將身體轉向左側將球拍帶到球的位置。當球往你球拍方向落下時觸擊球的底部，球拍劃過球的底部並向上帶，跟上完成的時間非常短，這有助於掩飾發球的形式與球的旋轉度。

在你這側球檯的第一跳應該非常接近球網，當球跳到對手球檯也應該很短。如果動作正確，球會在對手的球檯跳幾跳後才出桌，或是在彈起後往球網方向行進。發完球後，快速回復到預備的姿勢並掌握任何沒有質量的回球。

圖5.6 正手下旋短球發球

(a)

開始的姿勢

1. 站在左側邊線的外面，左腳略為向前
2. 上半身與左側邊線平行
3. 發球的握拍方式，雙手靠緊

(b)

引拍

1. 球往上拋
2. 上半身向右轉
3. 球拍引拍拍面向外仰
4. 身體重心轉向後腳

圖5.6　正手下旋短球發球（續）

(c)

(d)

觸擊

1. 將重心轉到前腳

2. 上半身轉向左腳，球拍帶到球的位置

3. 在球的低點觸擊

4. 在球最靠近球檯檯面高度距離觸擊

5. 小手臂與手腕在觸擊球時瞬間發力製造
　 最大的球拍加速

跟上完成

1. 快速地跟上完成

2. 手腕的動作是向上

發反手下旋短球

　　發反手下旋的短球（圖5.7），從左側肩膀靠近球檯左側邊線開始（右手執拍者），轉動你的右肩與臀部使其靠近球檯，雙手很靠近使球拍在球的後方並接近左小手臂。準備要發球時，在上半身再更向左側轉的同時將球向上拋球，此時將身體的重心放在後腳，當球開始下降時將身體的重心轉到前腳、上半身轉回右側，將球拍帶到球的位置，拍面朝上觸擊球的正面的底部，最後球拍從球的下方向上方行進。最後跟上完成的動作非常短暫，這有助掩飾發球模式與在發球時旋轉的大小。

　　第一跳應該是在你這一側的球檯靠近球網的位置，第二跳在對手球檯離球網較近的點。如果這個發球方法正確，球落在對手球檯後應有多次彈跳，甚至是往回跳向球網方向。發球後，快速進入預備位置把握對手任何沒有質量的回球。

圖5.7 發反手下旋短球

(a)

開始的位置

1. 右腳比左腳略微在前的位置

2. 轉動身體讓肩膀臀部靠近球檯

3. 球拍在持球的非執拍手腕後靠近左小臂

4. 橫拍握法

(b)

引拍

1. 球往上拋

2. 將上半身再向左轉

3. 球拍向後引拍的位置拍面張開

4. 身體重心轉向後腳

(c)

觸擊

1. 將重心轉移到前腳

2. 上半身轉向右側將球拍帶到球的位置

3. 在球的低點觸擊

4. 在球接近檯面高度時觸擊

5. 小手臂與手腕在觸擊球時瞬間發力製造
   最大的球拍加速

(d)

跟上完成

1. 快速地跟上 完成

2. 手腕的動作是揮向上

單元五　發球

發短球訓練1. 發下旋短球

　　使用正確的短球發球技術，練習發20顆正手下旋球與20顆反手下旋球，讓球在對手球檯至少彈跳三次才跳出端線，如果你可製造出足夠強度的下旋球，你的發球落在對手球檯彈起後會往後向球網方向行進。

增加難度

- 只有球落在對手球檯後彈起往球網方向行進時才計分。

成效檢核

- 擊球時拍面要向上並觸擊球的底部。

- 在球接近球檯檯面高度時擊球。
- 在球落在對手球檯後彈起的狀態檢視自己發球的下旋強度。

成效計分
17~20顆成功的正手發球 = 10分
13~16顆成功的正手發球 = 5分
9~12顆成功的正手發球 =1分
17~20顆成功的反手發球 = 10分
13~16顆成功的反手發球 = 5分
9~12顆成功的反手發球 =1分
你的分數_____

發短球訓練2. 球的落點

　　將兩張標準規格的紙（A5）分別放在距離球網1英尺（30公分）的兩側，發球的第一跳會在右側邊線，而第二跳在過網後向左側邊線跳。發10顆正手下旋短球，再發10顆反手下旋短球到設定的標的上。成功的發球須讓球的第一跳在標的位置，並在對手球檯彈跳三次後才由端線出桌。

成效檢核

- 運用正確的正手與反手短球發球技術。

- 確定球落在標示的位置上並且在對手的球檯上彈跳三次後由端線出桌。

成效計分
17~20顆成功的正手發球 = 10分
13~16顆成功的正手發球 = 5分
9~12顆成功的正手發球 =1分
17~20顆成功的反手發球 = 10分
13~16顆成功的反手發球 = 5分
9~12顆成功的反手發球 =1分
你的分數_____

半出檯發球

　　發短球主要是要阻止對手的攻擊，而半出檯的發球是讓自己能發動攻擊，就如同這種發球的名稱，這類發球在對手球檯的第一跳是落在球檯中間的位置，第二跳則是在對手球檯的端線附近。這樣的發球要回短球距離太長，但是要發動攻擊球的落點則距離又太短，因此，通常會造成對手的回球沒有質

量，而讓發球者能先啟動攻擊。

雖然半出檯的發球能製造下旋或上旋，但如加入側旋轉會使發球更有威力。要對抗側旋發球，接發球者要處理的不只是不順手的半出檯位置，還有球在落桌後會往側面球檯方向彈跳的弧線。這是一種非常有效的發球能把球控制到對手中線的位置。一顆過中心線並向側面跳起的球能夠混淆對手，不論是利用反手或正手的回球質量相對較弱，皆有利你進行攻擊。

半出檯的左側旋發球

半出檯的左側旋發球是最廣泛使用的一種發球，左側旋發球經常會迫使接發球者將球回擊到發球者的反手位置，此時發球者已準備好要發動正手的攻擊。這個發球的機制與短下旋發球類似，只是觸擊球的部位是在球的左側（圖5.8），並且第一跳是在你這側球檯中間的距離。

這個發球也會在對手球檯中間的位置落桌並且快速的向你的右側方向衝出，如果你的球拍拍面角度是張開的，這個發球會同時具有側旋與下旋；如果觸擊球時你的球拍拍面是收合的角度，那這顆發球則同時具有側旋與上旋轉。

(a)

(b)

圖5.8　半出檯發球的觸擊點：(a)正手發球；(b)反手發球。

正手半出檯左側旋發球

要執行正手半出檯左側旋發球（圖5.9），必須站在球檯左側邊線的外面，你的左手是在球檯左側的邊線上（右手執拍者），確定使用發球的握拍方式，你的左腳應該在右腳的前面，身體與球檯的邊線平行，而你的執拍手與持球的非執拍手在預備要發球時是靠在一起的。

從張開的手掌將球往上拋至少6英寸（15公分）（請見第xviii頁，譯註三），拋球的同時將你的身體轉向右側，將你的球拍引拍到預備的姿勢，球拋起後立即將你的非執拍手自身體與球檯之間移開，好讓你的對手可以看到你的發球。

當球開始下降時將你的身體往左側轉並將球拍帶到球的位置，觸擊球的左側，也就是靠近你身體的那一側；要完成這個點的觸擊，你須將球拍的拍頭朝下，手臂往身體擺動，這擺動看起來像是大掛鐘的鐘擺，因此這種發球又稱為*鐘擺式發球*。在觸擊時小手臂與手腕瞬間發力去增加球拍的加速。使用最多的摩擦去觸擊，因為你需試著去製造發球的各種程度的旋轉而非速度，如果你的球拍是以張開的角度去觸擊球，你可增加一些下旋轉；如果你的拍面角度是略為收合去擊球則會增加一些上旋轉。

在跟上完成時，你可以將球拍往相反的方向揮以混淆你觸球的點，發球第一跳在你這側球檯應在球網與端線中間的位置，這能使球落在對手球檯的位置也相同。在發完球後，迅速的回到預備位置並隨時對對手無質量的回球進行回擊。

圖5.9 　正手半出檯的左側旋發球

(a)

開始的姿勢

1. 站在左側邊線的外面
2. 左腳在前
3. 上半身與左側邊線平行
4. 發球的握拍方式
5. 兩隻手靠在一起

(b)

引拍

1. 將球向上拋
2. 將上半身轉向右側
3. 將球拍引拍到正確的位置
4. 將重量轉移到後腳

圖5.9 正手半出檯的左側旋發球（續）

觸擊

1. 將重心轉移到前腳

2. 將上半身轉向左側並將球拍帶到球的位置

3. 將非執拍手自身體與球檯之間移開好讓對手可以看到球

4. 以手肘為支點讓小手臂轉動去觸擊球的左側（鐘擺式揮動）

5. 在觸擊到球時小手臂與手腕瞬間發力以製造最大的球拍加速

(c)

反手半出檯球左側旋發球

要執行反手半出檯左側旋發球（圖5.10），開始位置與反手發短球的位置一樣，運用一般的橫拍或直拍握法，你的左肩應對著球檯左側邊線，你的右肩與臀部要轉向靠近球檯的位置（右手執拍者），你的右腳應略為在左腳的前面，你的雙手靠在一起，球拍在球的後方靠近左小手臂的位置。發球從球往上拋開始，拋球的同時將上半身再向左側轉並將身體的重心放左腳。依據ITTF的規則，在球拋起後需立即將你的非執拍手自身體與球檯之間移開，不能阻擋對手看球的視線。

當球開始下降時將身體重心轉到右腳並將上半身轉回右側，將球拍帶到球的位置，拍頭朝上觸擊球的左側。如果你的球拍是以張開的角度去觸擊球，你便可增加一些下旋轉；如果你的拍面是略為收合去觸擊球則會增加一些上旋轉。在觸擊時，小手臂與手腕瞬間發力去增加球拍的加速。使用最多的摩擦去觸擊，因為你需試著去製造各種程度的發球旋轉而非速度。

在跟上完成時，你可以將球拍往相反的方向揮以混淆你觸球的點，發球第一跳在你這側球檯應在球網與端線中間的位置，這能使球落在對手球檯的位置也相同。在發完球後，迅速的回到預備位置並隨時對對手無質量的回球進行回擊。

圖5.10　反手半出檯左側旋發球

(a)

開始的姿勢

1. 右腳在左腳的前面

2. 轉動身體使右肩與臀部接近球檯

3. 球拍在持球的非執拍手腕後靠近左小臂

4. 使用標準的橫拍握法

(b)

引拍

1. 往上拋球

2. 上半身轉向左側

3. 將非執拍手自球檯與身體之間移開讓對手可以看到球

4. 擊球拍面外仰向後引拍

5. 將重心轉到後腳

(c)

觸擊

1. 將重量轉到右腳

2. 將身體轉向右並將球拍帶到球的位置

3. 觸擊球的左側

4. 球拍拍頭朝上

5. 觸擊球時小手臂與手腕瞬間發力增加球拍的加速

(d)

跟上完成

1. 觸擊球後，球拍會往相反的方向（向右）揮去以偽裝擊球的點

2. 快速回復到預備姿勢

半出檯右側旋發球

要執行這種發球，你的球拍要觸擊球的右側（圖5.11），球觸及到對手球檯時會向你左側的方向彈開。

第一跳應該在你這側球檯中間的位置，而第二跳也會在對手球檯中間的位置。如果你的擊球拍面張開摩擦球，那麼你就發出側下旋的發球；如果擊球拍面收合，那麼你的發球便是側上旋。

正手半出檯右側旋發球

要執行正手半出檯右側旋發球（圖5.12），與正手半出檯左側旋發球的預備姿勢一樣，唯一不同的是球拍必須觸擊球的右側。要完成這個發球，在拋球後將手腕帶到左側，執拍手向著身體方向轉（向著身體）。

觸擊球時，執拍手離開身體將手腕向右瞬間發力。如果你是執橫拍，一定要使用橫拍發球的握法。運用大掛鐘的概念擊球時手臂像鐘擺擺向身體外側，手腕可增加球拍的加速。運用摩擦觸擊，因為你要製造各種不同的旋轉而不是速度。擊球拍面張開也能讓你在發球中製造一些下旋，若擊球拍面收合則讓你在發球中加入上旋。

在跟上完成時，你可以將球拍往相反的方向揮以混淆你觸球的點，發球第一跳在你這側球檯應在球網與端線中間的位置，這能使球落在對手球的位置也相同。在發完球後，迅速的回到預備位置並隨時對對手無質量的回球進行回擊。

(a)

(b)

圖5.11　半出檯右側旋發球觸擊球的位置：(a)正手發球；(b)反手發球。

圖5.12　　正手半出檯右側旋的發球

(a)

開始的姿勢

1. 站在左側邊線的外側

2. 左腳略微向前

3. 上半身與左側邊線平行

4. 發球的球拍握法

(b)

引拍

1. 將球向上拋

2. 上半身轉向右側

3. 執拍手腕帶向身體

4. 拍頭向著身體的前方

5. 將重心轉到後腿

(c)

觸擊

1. 將重心轉移到前腳

2. 上半身轉向左側並將球拍帶到球的位置

3. 將非執拍手自身體與球檯間之間移開

4. 小手臂與手腕向右側引拍好讓球拍能觸
   及到球的右側（鐘擺式揮拍）

5. 小手臂與手腕瞬間發力以製造球拍的最
   大加速

(d)

跟上完成

1. 在觸擊後，揮動球拍為裝觸擊球的位置

2. 快速回復到預備的姿勢

桌球

邁向卓越

反手半出檯右側旋發球

反手半出檯右側旋發球（圖 5.13），與反手半出檯左側旋發球的開始完全一樣，唯一的不同是球拍觸擊球的右側。要完成這個發球在觸擊球時球拍拍頭需向下，在觸擊的同時，小手臂和手腕瞬間發力讓球拍產生最大的加速。使用標準的橫拍或直拍握法。記住要將你的非執拍手自身體與球檯之間移開，好讓對手能清楚的看到球。如果你的擊球拍面是張開的，你可以在側旋中增加下旋轉；如果你的擊球拍面是收合的角度則會增加上旋轉。你需試著製造各種的旋轉而非速度，則需使用最大的摩擦觸擊。

在跟上完成時，將你的球拍揮向相反方向能使對手不清楚你的擊球位置。球在你這方的球檯的第一跳應該位於球檯的中間，這能製造出在對手球檯半出檯的發球。發完球後，迅速轉換成預備姿勢並掌握所有對手無質量的回球。

圖5.13　反手半出檯右側旋發球

(a)

開始的姿勢

1. 右腳在左腳之前
2. 轉動身體讓右側肩膀與臀部靠近球檯
3. 球拍置於非執拍手的後方靠近左小臂的位置
4. 標準的橫拍握法

(b)

引拍

1. 將球向上拋
2. 上半身轉向左側
3. 將非執拍手自身體與球檯間移開，好讓對手可以看到球
4. 拍頭向下
5. 球拍拍面全開略為後仰
6. 將重心轉移回後腳

單元五　發球

圖5.13 　反手半出檯右側旋發球（續）

(c)

觸擊

1. 將重心轉移到右腳
2. 轉動上半身並將球拍帶到球的位置
3. 觸擊球的右側
4. 球拍拍頭朝下
5. 小手臂與手腕瞬間發力以增加球拍的速度

(d)

跟上完成

1. 觸擊後將球拍帶到相反方向（向右）偽裝觸擊的位置
2. 快速還原到預備位置

半出檯發球訓練1. 半出檯左側旋發球

　　在對手那側球檯的右側邊線於球網與端線的中點放置標的，空的寶特瓶或可樂空罐子都可用，你的目標就是發出20顆正手與20顆反手左側旋球，落在對手球檯方的第一跳是在標的物的左邊，然後衝向右側並在標的物前出桌（圖5.14）。在練習這種發球時，試著盡可能去製造最大的側旋轉。

增加難度

• 將你的標的物自邊線移開。

成效檢核

• 觸擊球的左側。
• 正手發球觸擊球時球拍拍頭應朝下；反手發球觸擊球時球拍拍頭要朝上。
• 注意發球路徑的曲線可以判斷你所製造旋轉度的大小。

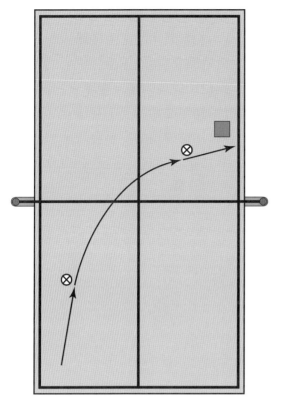

成效計分

17~20顆成功的正手發球 = 10分

13~16顆成功的正手發球 = 5分

9~12顆成功的正手發球 = 1分

17~20顆成功的反手發球 = 10分

13~16顆成功的反手發球 = 5分

9~12顆成功的反手發球 = 1分

你的分數_____

圖5.14　在半出檯左側旋發球訓練的路徑

半出檯發球訓練2.　半出檯右側旋發球

　　將前一個訓練的標的物放在相同的位置，只是這訓練需換到左側邊線。執行20顆正手與20顆反手右側旋轉發球，球落桌後是在標的物的右邊行進，曲線向左在標的物前出桌（圖5.15）。再次提醒，在進行此發球訓練時盡可能去製造最大的旋轉度。

增加難度

• 將標的物自邊線移開。

成效檢核

• 觸擊球的右側。

• 在進行正手與反手發球，觸擊球時球拍拍頭須朝下。

• 注意球的曲線路徑判斷你發球的旋轉度。

單元五　發球

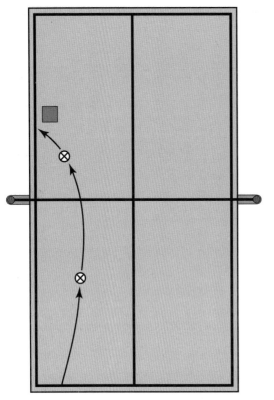

圖5.15　半出檯右側旋發球之路徑

半出檯發球訓練3.　半出檯中心線側旋發球

這個訓練，你需要兩個標的物，一個在對手中心線距離端線一英尺（30公分）的位置，另一個在中心線離端線18英寸（46公分）較第一個標的物靠近球網（圖5.16），使用正手側旋發球，試著讓發球繞過兩個標的物間，發10顆右側旋與10顆左側旋球。

增加難度

• 將兩個標的物移靠近些。

成效檢核

• 注意你發球的曲線以評估你所製造的旋轉。

• 試著從相同位置執行正手發球開始，這能造成對手判斷發球方向的困擾。

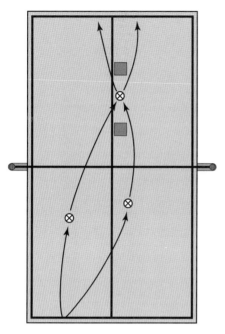

圖5.16　半出檯中心線側旋發球的練習路線

發長球

　　發長球必須將球送到對手方球檯的角落，或在對手執拍手手肘位置去擠壓干擾對手回擊，通常發長球是由正手執行。

　　發長球時應注意製造最佳速度將球送到正確的位置，在你這方球檯上的第一跳應該靠近端線。要產生適當的速度，在觸擊球時需有較多的撞擊力量較少摩擦（圖5.17）。這種感覺就像將球打穿。

　　當你在發長球時，你的手腕使用較少而小手臂的力量使用得較多，從你的反手角落執行正手長球的發球。如果你是橫拍的握法，使用正手發球的握拍法；採直拍握法的球員能夠完全的使用手腕，所以沒有改變的必要。如果你擊球時拍面張開，你就能製造出快速下旋球；如果你的拍面收合，則會發出快速的上旋球。

圖5.17　發正手長球的觸擊點，球員必須打在球的中心位置以製造出速度而非旋轉。

錯誤方法

你發的長球沒有速度。

修正方法

運用小手臂將力量灌在球上。

要發正手下旋長球（圖5.18），你必須完全站在左側球檯，讓你的左手對著左側的邊線，使用發球的握拍法，將左腳放在右腳的前面（右手執拍者），你的上半身應該與左側邊線平行。在準備發球時，你的執拍手與執球的非執拍手應靠在一起。

從張開的手掌將球往上拋至少6英寸（15公分）（請見第xviii頁，譯註三），拋球的同時將你的身體轉向右側，將你的球拍引拍到預備的姿勢，球拋起後立即將你的非執拍手自身體與球檯之間移開，好讓你的對手可以看到你的發球。

當球開始下降時將你的身體往左側轉並將球拍帶到球的位置，球拍張開朝上觸擊球的中心，用撞擊的方式而非摩擦，因為你要製造速度僅需輕微的下旋。手臂向後擺向著你的目標。發長球的力量主要是來自你的小手臂，手腕的力量用得極少。這個發球的第一跳會在你這側球檯端線的附近，這會製造長球並落在對手球檯靠近端線的位置。發完球後即刻回到預備姿勢，並利用任何對手無質量的回球先上手攻擊。

圖5.18　發正手下旋的長球

開始的姿勢

1. 站在左側邊線的外面
2. 左腳在右腳的前面
3. 上半身與球檯左側邊線平行
4. 發球的握拍
5. 雙手靠在一起

(a)

圖5.18 發正手下旋的長球（續）

(b)

引拍

1. 將球拋起

2. 身體向右轉

3. 將介於身體與球檯之間的非執拍手移開，使接發球者可以看到球

4. 球拍的拍頭向下方

5. 球拍拍面略為張開

6. 將重心放在後腳

跟上完成

1. 朝目標向前跟進

2. 快速回復到預備姿勢

(c)

觸擊

1. 將重心轉至前腳

2. 轉動上半身向左側將球拍帶到球的位置

3. 用後仰角度的拍面加力觸擊球的中心

4. 以正手擊球手腕少許用力

(d)

單元五 發球

發正手上旋長球的方式完全與發正手下旋長球是一樣的，唯一不同是以收合的拍面角度觸擊球（圖5.19），開始的位置、向後引拍、跟上完成，所有的動作都與發長下旋球一樣。

觸擊

1. 將重心轉移到前腳
2. 上半身轉向左邊並將球拍向球的位置
3. 將介於身體與球檯間的非執拍手移開好讓接發球者可以看到球
4. 將球拍靠近球觸擊球的中心，瞬間用力擊球
5. 小手臂帶動正手擊球，手腕使力很小

發長球訓練1.　發長球

放置標準規格的紙張在對手球檯正手與反手的兩個角落（圖5.20），使用正手發長球的技術，向著你對手球檯反手角落定點發出20顆快速下旋與20顆快速上旋的發球；重複前面的發球練習到對手球檯的正手角落的定點標的物，隨時記錄你發進定點目標的位置。

增加難度

• 縮小發球定點標的物的面積。

成效檢核

• 確定在你這方球檯彈起的球靠近球檯端線。

• 用最大的力量與速度打球。

成效計分

成功發出17~20顆的正手下旋球到對手反手的標的 = 10分

成功發出13~16顆的正手下旋球到對手反手的標的 = 5分

成功發出9~12顆的正手下旋球到對手反手的標的 = 1分

你的分數＿＿＿＿＿

成功發出17~20顆的正手上旋球到對手反手的標的 = 10分

成功發出13~16顆的正手上旋球到

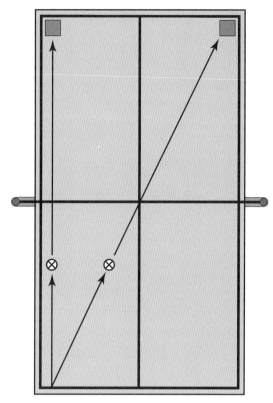

圖5.20　目標位置與球的行進路徑

對手反手的標的 = 5分

　　成功發出9~12顆的正手上旋球到對手反手的標的 = 1分

　　你的分數_____

　　17~20顆成功的正手下旋發球到正手標的 = 10分

　　13~16顆成功的正手下旋發球到正手標的 = 5分

　　9~12顆成功的正手下旋發球到正手標的 = 1分

　　你的分數_____

　　17~20顆成功的正手上旋發球到正手標的 = 10分

　　13~16顆成功的正手上旋發球到正手標的= 5分

　　9~12顆成功的正手上旋發球到正手標的 = 1分

　　你的分數_____

發長球訓練2.　混合長、短發球

　　這項訓練要執行20顆的發球，交替發一顆短球、一顆長球，你可將短球發到對手球檯的任何位置，但至少必須三跳以後才出桌；長球必須要能擊中放在對手球檯的反手角落目標物位置（使用標準規格A5的紙）（圖5.21），可發長上旋或長下旋球。

增加難度

• 縮小標的區域的範圍。

成效檢核

• 發短球與長球時試著盡可能使用相同的動作。

• 試著不要看著發球的目標位置，因為這樣會給對手提示你的發球落點。

• 專注球落在自己這方球檯的位置。

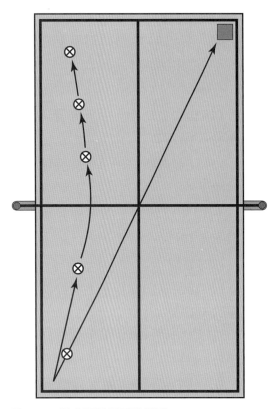

圖5.21　混合短球與長球發球

發長球訓練3.　混合半出檯側旋與長球發球

　　這項訓練，你需要兩個目標點（用標準規格A5的紙張），將一個目標放在對手球檯反手的角落（圖5.22），另一個目標則放在距離第一個目標與中線的中間位置。發20顆球，一顆半出檯左側旋、一顆上旋長球交替發球，側旋轉的球應在落桌彈起後向左轉擊中目標後由邊線出桌，長球應擊中反手角落標的。

增加難度

• 縮小標的區域的範圍。

成效檢核

• 發短球與長球時試著盡可能使用相同的動作。

• 試著不要看著發球的目標位置，因為這樣會給對手提示你的發球落點。

• 專注球落在自己這方球檯的位置。

桌球
邁向卓越

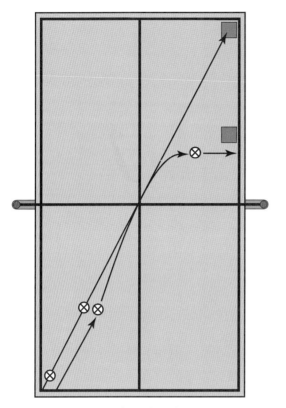

圖5.22　混合半出檯與長球發球

發球的成效摘要

在這個單元描述所有球員都需要的基本發球：短球、半出檯球、長球，你會發現幾乎有數不盡的發球方式與落點。要成為一位好的發球者，學會去享受各種不同發球的嘗試與發球練習，你不需要陪練員，只需要一桶球和一張球檯。

這個單元的幾種發球訓練方式，能幫助你在發球上製造各種旋轉並控制球的落點。檢視自己是否已準備好要進入第六單元，將自己所有的發球訓練分數加總，如果你的得分在120分以上，你已準備好進入單元六的訓練；如果分數未達則表示你還需要更多的練習。

發短球訓練	
1. 發下旋短球	＿＿/20
2. 球的落點	＿＿/20
半出檯發球訓練	
1. 半出檯左側旋發球	＿＿/20
2. 半出檯右側旋發球	＿＿/20
3. 半出檯中心線側旋發球	＿＿/10
發長球訓練	
1. 發長球	＿＿/40
2. 混合長、短發球	＿＿/10
3. 混合半出檯側旋與長球發球	＿＿/10
總分	＿＿/150

　　一局比賽所有的得分不是來自發球就是來自回擊發球，這使得發球與回擊發球成為比賽最重要的兩種擊球。在這個單元說明要成為一位好發球者的基礎，在下一個單元將著重於如何有效地回擊你對手的發球，如果你能精熟這兩個單元的內容，你已經朝著成為高階球員的道路前進了。

單元六　回擊發球

在接對手發球時，你的目標是使回球能阻止對手的攻擊，並且能控制你的回球而得分，因為有50%的得分是來自接發球，這是比賽時很重要且需要控制的環節。

要製造有效的回發球需要下列所提的眾多技巧：

- 站在正確的回發球位置
- 判斷對手發球所製造的旋轉類型與力度
- 有效地回擊側旋轉的發球
- 將球回擊到正確的位置
- 能執行擺短與挑球的技術

站到正確的回擊發球位置

對手發球的位置決定你回擊發球時的站位，如果對手是在他的反手角落發球，改變你預備位置好讓自己有較大角度可顧及發到你反手位的球（圖6.1a）；如果對手是在球檯中間的位置發球，轉換你的預備位置讓你的執拍手是對著球檯的中線（圖6.1b）；如果對手是左手執拍或是在球檯的左側發球，你的預備位置應讓你的執拍手距離球檯右側數英寸（數公分）的位置（圖6.1c）。

不論你站在什麼位置接發球，確定你不要太靠近球檯去回擊長的、快速的發球，移動向前回擊短球一直都要比向後退回擊長球容易。因此，永遠都站在距球檯端線一個手臂的位置（圖6.2），這個距離足夠你輕鬆回擊任何長的發球，如果對手發短球你也可以很輕鬆地向前跨步回擊。

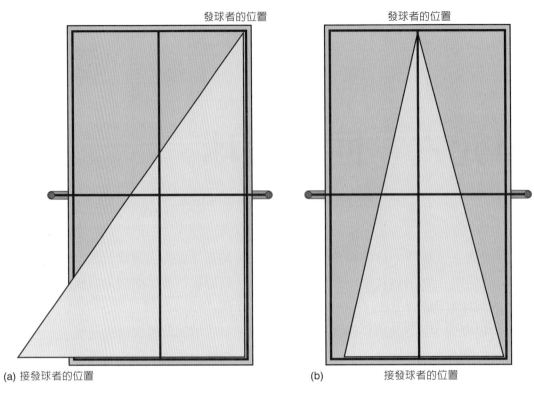

發球者的位置　　　　　　　　　　　　發球者的位置

(a) 接發球者的位置　　　　　　　(b) 　　　　　接發球者的位置

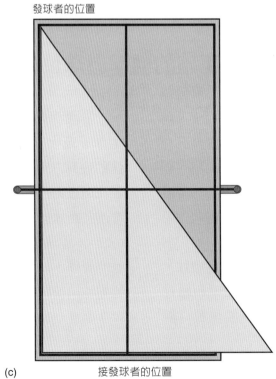

發球者的位置

(c) 　　　　接發球者的位置

圖6.1　發球者的發球角度：(a)站在反手角落的位置；(b)桌子的中間位置；(c)左手執拍者或是站在球檯左側發球。

圖6.2　回擊發球位置與球檯間的正確距離

判斷發球的旋轉

在單元五，你學會比賽時如何以球拍觸擊球的不同位置以執行正確的基礎發球，瞭解球的各種旋轉如何產生對有效回擊發球極為重要，為了能判斷對手發球的旋轉形式與旋轉的力度，你必須做到下列項目：

- 注意球拍觸擊球時球拍的角度，如果擊球拍面收合發的是上旋球；如果擊球拍面張開發的則是下旋球。
- 注意球拍觸擊球的位置，如果是觸擊球的左側或右側，來球會是側旋轉；通常側旋球會結合下旋或上旋。
- 注意觸擊球時球拍加速的力量，球拍加速的力道越多則球的旋轉也越強。

加速是來自手腕瞬間的發力，因此要特別注意你的對手如何使用手腕。

- 注意球上的標誌，如果你可以看清楚球上的標誌，表示球沒有旋轉或是旋轉很小；如果你無法看到標誌，表示球有很多的旋轉。
- 注意球的第一與第二個彈跳間的路徑，球在第一跳與第二跳間的路徑能幫助你判斷球的旋轉。如果球是向右或向左行進，表示是側旋發球；如果球在兩跳間是維持低的高度，則是上旋發球；如果球在兩跳間略為上升，則表示是下旋發球。

回擊側旋發球

還在學習階段的球員，要有效的回擊側旋轉的發球最為困難。長上旋或長下旋轉發球，可用你在單元四所學到的基礎回擊便可奏效；然而，側旋轉可加入到任何一種的發球中，你必須調整球拍的角度去抵消球的旋轉。所以，不論你採取何種回擊發球的技巧，這些技巧都需要大量的練習。

99

終止對手發球旋轉最容易的方法就是觸擊球的正確部位，如同在單元四所討論的，要回擊對手的右側旋球你必須調整好球拍角度預備觸擊球的左側位置（圖6.3a），接著執行你想要的回擊方式。注意，你觸擊球的位置與對手製造球旋轉的方位相同；要回擊對手的左側旋球，調整球拍的角度預備觸擊球的右側（圖6.3b）。再次提醒，你觸擊球的位置與對手製造球旋轉的方位相同；換句話說，你必須試著去複製對手動作，觸擊球的部位與對手擊球的位置相同，這樣將可停止球的側旋轉。當這種情況發生時，你的回球會以直線方式前進，而你也會感受到球在拍面上時是輕巧的；但如果你觸擊球的方位是錯的，球會向側面跳開而你也會感到球接觸到拍面時的沉重感。

圖6.3　回擊側旋發球

(a)

右側旋發球

1. 觸擊球（輪子代表球）的右側以製造右側旋的發球

2. 接發球者觸擊球（輪子）的同一側可停止側旋

(b)

左側旋發球

1. 觸擊球（輪子代表球）的左側以製造左側旋的發球

2. 接發球者觸擊球（輪子）的同一側可停止側旋

反手發球回擊訓練1.　回擊反手左側旋長發球

你的陪練員從他的反手角落，發左側下旋長球到你的反手角落，你的目標是觸擊球的右側底部去中止球的旋轉，並將球以直線回擊到對手反手的角落。

要觸擊球的右側你必須將你的手腕向著自己身體的方向彎，第一顆球以反手搓球回擊，第二顆使用反手上旋球回擊，完成20顆發球的回擊練習。

增加難度

• 讓你的陪練員增加發球的旋轉度。

降低難度

• 讓你的陪練員降低發球的旋轉度。

成效檢核

• 觸擊球右側的底部，如果你的回擊正確，你的球應該是直線球。

• 使用正確的反手搓球或反手上旋球回擊發球。

成效計分

9~10顆成功的反手搓球回擊 = 10分

7~8顆成功的反手搓球回擊 = 5分

5~6顆成功的反手搓球回擊 = 1分

9~10 成功地反手上旋回擊 = 10分

7~8 成功地反手上旋回擊 = 5分

5~6 成功地反手上旋回擊 = 1分

你的分數_____

反手發球回擊訓練2. 回擊反手右側旋長發球

請你的陪練員發20顆右旋轉的長球到你的反手位置，陪練員可用正手或反手發球，你的目標是觸擊球的左側底部去中止旋轉，將發球直線回到陪練員的反手位，以反手搓球回擊前10顆發球，再以反手上旋球回擊另外10顆發球。

增加難度

• 請你的陪練員增加發球的旋轉度。

降低難度

• 請你的陪練員減少發球的旋轉度。

成效檢核

• 觸擊球的左側底部，如果你做得正確，你的回擊球應該是直線球。

• 使用正確的反手搓球與反手上旋球回擊發球。

成效計分

9~10顆成功的下旋搓球回擊 = 10分

7~8顆成功的下旋搓球回擊 = 5分

5~6顆成功的下旋搓球回擊 = 1分

9~10顆成功地反手上旋回擊 = 10分

7~8顆成功地反手上旋回擊 = 5分

5~6顆成功地反手上旋回擊 = 1分

你的分數_____

正手發球回擊訓練1. 回擊正手左側旋長發球

你的陪練員從他的反手角度，發左側下旋長球到你的正手角落位置，你的目標是觸擊球的右側底部去中止球的旋轉，並將球以直線回擊到陪練員反手的角落。以正手搓球回擊前10顆發球，以正手上旋球回另10顆發球，完成20顆發球的回擊練習。

增加難度

• 請你的陪練員增加發球的旋轉度。

降低難度

• 請你的陪練員減少發球的旋轉度。

成效檢核

- 觸擊球的右側底部，如果你做得正確，你的回擊球應該是直線球。
- 使用正確的正手搓球與正手上旋球回擊發球。

成效計分

9~10顆成功的正手搓球回擊 = 10分

7~8顆成功的正手搓球回擊 = 5分

5~6顆成功的正手搓球回擊 = 1分

9~10顆成功的正手上旋球回擊 = 10分

7~8顆成功的正手上旋球回擊 = 5分

5~6顆成功的正手上旋球回擊 = 1分

你的分數＿＿＿＿＿

正手發球回擊訓練2. 回擊正手右側旋長發球

你的陪練員從他的反手角度，發帶有右側下旋的長球到你的正手角落，你的目標是觸擊球的左側底部中止球的旋轉，並將球以直線回擊到陪練員的反手角落。要觸擊球的這個位置，你必須將你的手腕向著自己身體的右側彎曲，前10顆發球以正手搓球回擊，另10顆使用正手上旋球回擊，完成20顆發球的回擊練習。

增加難度

- 請你的陪練員增加發球的旋轉度。

降低難度

- 請你的陪練員減少發球的旋轉度。

成效檢核

- 觸擊球的左側底部，如果你做得正確你的回擊球應該是直線球。
- 使用正確的正手搓球與正手上旋球回擊發球。

成效計分

9~10顆成功的正手搓球回擊 = 10分

7~8顆成功的正手搓球回擊 = 5分

5~6顆成功的正手搓球回擊 = 1分

9~10顆成功的正手上旋球回擊 = 10分

7~8顆成功的正手上旋球回擊 = 5分

5~6顆成功的正手上旋球回擊 = 1分

你的分數＿＿＿＿＿

桌球
邁向卓越

回球到最佳的落點

當回擊所有的發球，都必須非常注意回球的落點。回擊長球時須將球回到角落，又或能將球直線切到邊線角落回擊則更勝一籌（圖6.4）；這稱爲切大角。如果對手的腳步不夠快，這種將球回到對手執拍手手肘位置的快速球容易奏效，因爲回到對角的球使你能預測對手的回球也在對角位置，你可提早移動到適當的位置進行攻擊。

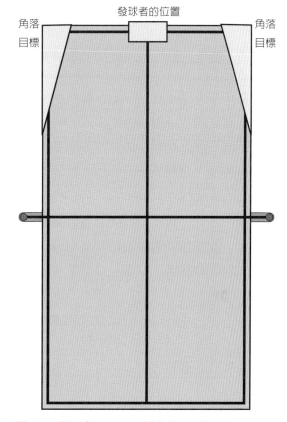

圖6.4　反手與正手回發球的端線目標區

擺短回擊

同樣以短球回擊對手發的短球，稱爲擺短，這通常是控制球與得分的關鍵。這個短球看似簡單，但實際上它需要很多的技巧與練習才能精熟。

當回擊對手發的短球時，關鍵點是讓回球很短讓對手很難進行攻擊。有效的回短球或擺短，應讓球在落桌後彈起的高度儘量維持在最低的狀態。

擺短回擊的三個基本要件

如何觸擊球 = 首先以你想讓球停下來方式觸球；當你的建立了手部技巧後你可用摩擦觸擊球去加入自己的旋轉

何時觸球 = 在球的上升期

觸球的部位 = 對抗短下旋發球，在球的上升期時稍微的向下去觸球的中心；對抗短側下旋發球時，接觸靠近球中心位置，但將你的觸擊點向著旋轉的方位，使用向下並有輕微側旋的觸擊以中止對手製造的旋轉

錯誤方式

你無法回短球給對手。

修正方法

確定在球的上升期或在更早時間點觸擊。

　　右手執拍者執行多數的擺短回擊時,不論使用正手與反手右腳需向前踏一步;唯一例外是對手的來球短且距離你反手較遠,這種狀況時你的左腿需跨到球檯的外側。

　　擺短回擊(圖6.5與6.6)從預備姿勢開始,當你判斷對手發的是短球時,右腳(右手執拍者)往桌子下方向前踏一步,盡量接近球。你的攻擊預備位置會讓你可用正手防守三分之二的球檯範圍,當以短球回擊發球時也是同樣的道理。將你的手肘維持彎曲,在球彈起時立即以張開的球拍角度並以手腕向下移動觸擊,確定一定要靠近球,不可只伸直手臂去觸球;如果你距離球越遠就越難控制你的回擊,你的目標是要回一顆又短又低的球給對手,讓對手很難進行攻擊。一顆好的擺短球能迫使對手的下一顆回擊變成長球,這使你可先發動攻擊。

圖6.5　反手擺短

回擊發球的位置

1. 確認短球是向著反手來
2. 預備向桌子下方前踏一步
3. 彎曲執拍手臂並將頭靠近球拍位置
4. 將球拍帶到比球略高的位置
5. 擊球拍面張開

(a)

圖6.5 反手擺短（續）

(b)

(c)

觸擊

1. 在球的上升期觸擊
2. 球拍觸擊球正面的中心位置

擊球與還原

1. 擊出的球需短
2. 球拍往下帶但不是在球的下方
3. 重心在前腳
4. 前腳用力蹬離地面以回到預備姿勢
5. 在對手尚未觸及到球時還原到預備姿勢

錯誤方式

球拍觸擊球時球向側面彈開。

修正方法

調整球拍的角度去停止球的側旋。

圖6.6 正手擺短回擊

回擊發球的姿勢

1. 確認發球是向著正手來
2. 準備將腳往球檯下跨出以接近球
3. 彎曲執拍手臂並將頭靠近球拍
4. 球拍略為高過球的高度
5. 擊球拍面略為張開

(a)

圖6.6　正手擺短回擊（續）

(b)

觸擊

1. 在球的上升期擊觸擊
2. 球拍在球的正面靠近中心點的位置觸擊

(c)

擊球與還原

1. 回擊球要短
2. 球拍向下帶
3. 重心在前腳
4. 前腳用力蹬回復到預備姿勢
5. 在對手還未擊球前即回復到預備姿勢

錯誤方式

在擊球後，你無法快速回復到預備姿勢。

修正方法

在觸擊球時，確定你的重心是放在右腳，接著用力蹬右腳將身體回復到預備姿勢。

　　下面的三個訓練，將幫助你精熟執行有質量的擺短回擊球所需之正確擊球與步伐。

擺短回擊訓練1.　前進後退練習

　　這個訓練將教導你提早擊球的概念，同時也有助你建立擺短時的最佳步伐與節奏。只用半張球檯練習，你和陪練員以預備姿勢站在球檯的兩側，運用正確的步伐，當其中一位跨向前以球拍觸及中線時，隨即立刻退回到距球檯正確距離的預備位置，接著另一位也立刻向前以球拍觸及中心線，兩人交替輪流這樣的前進與後退還原動作。還原的動作非常的重要，因為你不想在對手發動攻擊時你的身體仍舊停留在檯面上方。一定要在你的對手觸及到中心線時，就還原到預備的姿勢。持續3分鐘這樣練習。

增加難度

• 請你的陪練員加速他的動作。

降低難度

• 請你的陪練員放慢他的動作。

成效檢核

• 不要向前移動直到你的陪練員觸到白線。

• 當你準備要復原到預備姿勢時前腳用力蹬。

擺短回擊訓練2. 觸球練習

這個訓練的進行與上一個相同，只是這回要在中心線上擺上一顆球，兩個人在跨步前時都必須用球拍很輕的碰到球（圖6.7），試著讓球盡可能維持在中心線的位置。這項訓練可幫助你輕觸與控球，這對於要打出擺短的球是必須的練習。持續3分鐘這樣的練習。

圖6.7　觸球訓練

增加難度

• 請你的陪練員加速他的動作。

降低難度

• 請你的陪練員放慢他的動作。

成效檢核

• 不要向前移動直到你的對手觸及到白線。

• 當準備要回復到預備姿勢時，前腳用力蹬。

• 確定你用很輕巧的力量碰到球，好讓球可以停留在距白線很近。

請你的陪練員發10顆下旋短球到你的反手位，10顆到正手位，你的目標就是以擺短去回擊所有的發球，如果對手沒有擊球，擺短回擊球應該要在對手的檯面至少彈跳三次才出桌。你的回擊球在彈起後高度要低。你可以控制球到對方球檯的任何落點，只要球回得夠短。

增加難度

• 請你的陪練員增加發球的旋轉度。

降低難度

• 請你的陪練員降低發球的旋轉度。

成效檢核

• 向前跨步靠近球的位置。
• 在球的上升期觸擊球的中心。
• 確定回球低且短。

成效計分
9~10顆成功的反手擺短 = 10分
7~8顆成功的反手擺短 = 5分
5~6顆成功的反手擺短 = 1分
9~10顆成功的正手擺短 = 10分
7~8顆成功的正手擺短 = 5分
5~6顆成功的正手擺短 = 1分
你的分數_____

挑球回擊

在現代的比賽裡，有能力對對手發的短球進行攻擊變得越來越重要，挑球回擊是一種短的上旋球，大部分是手腕與小手臂的運用。因為身體被球檯擋住，下半身無法將力量轉到擊球上，因此，挑球回擊靠的是擊中目標如圖6.4所示（第103頁），這些目標是在端線的角落或者是在對手執拍手手肘的位置。

挑球的三個基本要件

如何觸擊球 = 在觸擊球時以摩擦（旋轉）製造輕微的上旋，在觸擊時你的小手臂要向前向上

何時觸球 = 在球彈跳的最高點

觸球的部位 = 對抗下旋短球的發球時，需觸擊球的底部的中心點；對抗側下旋短發球，同樣是在球的底部中心但觸擊點要向旋轉的方位帶；對抗不轉的發球要觸擊球的中心位置；對抗上旋短球發球需觸擊球中心點的上方

這種打法絕大部分是使用小手臂與手腕，多數的力量是來自小手臂的瞬間發力，在觸擊球的同時瞬間向上帶。在接下旋球時球拍拍面應是略為後仰，接不轉發球時則是直立。

以挑球回擊（圖6.8與圖6.9）從預備姿勢開始，當你確認對手是發短球時，不論球是到你的反手或正手位置均跨一步向球靠近。除了距離較遠的反手位置，對於大部分的短球都是右腳向前往球檯下方跨，向球落桌的位置靠近；對於距離正手很遠的短球，你需先使用側步步伐，然後再向前靠近球的位置。

要更有效，不論正手或反手挑球回擊都應該與執行擺短的方式一樣。將執拍手手肘彎曲讓球拍略爲張開，當球彈跳到最高點時在最後瞬間將你的小手臂與手腕快速向上帶，將球挑到對手球檯角落或是直接回到他的執拍手手肘。

當你執行正手挑球時，將你的上半身轉向右側讓你的左肩靠近球網（身體前傾），用這樣的方式靠近球可讓你發力並將球回到對方球檯任何一個位置。但如果你靠近時左肩是直立的，那你只能將球打到對手球檯的對角，而你的對手會知道你回擊球的方向與位置。記得要讓自己回復到預備的位置，這是此種打法裡非常重要的一個部分，切不可在對手回球時你的身體仍舊前傾在球檯內。

圖6.8 正手挑回擊

回擊發球的位置

1. 判斷對方發的短球是到正手位
2. 向前跨一步靠近球
3. 轉動肩膀向前傾
4. 彎曲執拍手並讓擊球拍面略爲張開
5. 頭向球靠近
6. 發球者不知道接發球者將使用擺短或是挑球的方式回擊

(a)

觸擊

1. 在球彈跳的最高點觸擊
2. 當觸擊到球時球拍向上帶
3. 球拍摩擦觸球
4. 將肩膀轉向左側有助打出有力量回擊

(b)

擊球與還原

1. 擊球主要是靠小手臂與手腕
2. 擊球時動作連續向前對著目標
3. 用力蹬腳回復到預備姿勢
4. 在對手觸擊球以前回復到預備姿勢

(c)

錯誤方式

你挑球回擊下網。

修正方法

確定是在球彈跳的最高點觸擊。

圖6.9　反手挑球回擊

回擊發球的姿勢

1. 確認是發球是到反手的短球
2. 向前踏出靠近球
3. 轉動肩膀到直立的姿勢
4. 執拍手肘彎曲球拍略為後仰
5. 頭靠近球的位置
6. 發球者不知道接發球者要擺短還是挑球

(a)

觸擊

1. 在球彈跳的最高點觸擊
2. 在觸擊到球時球拍向上帶
3. 以摩擦的方式觸球

(b)

擊球與還原

1. 運用小手臂與手腕的力量擊球
2. 持續朝著目標方向揮拍
3. 前腳用力蹬以回復到預備姿勢
4. 在對手觸擊到球前立即回復到預備的姿勢

(c)

桌球
邁向卓越

錯誤方式

你的挑球過長末落桌就出檯了。

修正方法

在你觸擊球確定你的執拍手與小手臂要向上帶,並在回擊球上製造出上旋。

挑球回擊訓練1. 正手對角挑回擊

請你的陪練員發10顆短下旋球到你的正手位,當你的技術不斷成熟時,再請陪練員加入一些側旋到發球中,使用正手挑回發球到對手的對角,球的角度需切過球網與端線間。

增加難度

- 請你的陪練員在發球中加入側旋。

成效檢核

- 向前跨步以靠近球。
- 在球彈跳的最高點觸擊球時將球拍向上帶。
- 在你觸擊球時確定你的肩膀是向前傾。
- 向著你的目標跟上完成。
- 在每次回擊後隨即回復到預備姿勢。

成效計分

9~10顆成功地以正手挑將球回到對角 = 10分

7~8顆成功地以正手挑將球回到對角 = 5分

5~6顆成功地以正手挑將球回到對角 = 1分

你的分數＿＿＿＿

挑球回擊訓練2. 正手直線挑回擊

放置一個標準大小的紙張在對手反手角落當作目標,請你的陪練員發10顆下旋短球到你的正手位,當你的技巧越發精熟時,請陪練員在發球中加入側旋,使用正手挑直線球到對手球檯標的。

增加難度

- 請你的陪練員在發球中加入側旋。

成效檢核

- 向前跨步靠近球的位置。
- 在球彈跳的最高點觸擊球時,球拍向上帶。
- 在你觸擊球時確定你的肩膀是向前傾。
- 向著你的目標跟上完成。
- 在每次回擊後隨即回復到預備姿勢。

成效計分

9~10顆成功地以正手挑直線球= 10分

7~8顆成功地以正手挑直線球 = 5分

5~6顆成功地以正手挑直線球 = 1分

你的分數＿＿＿＿

挑球回擊訓練3.　反手對角挑回擊

請你的陪練員發10顆短下旋球到你的反手位，使用反手挑直線球到對手的球檯，球會穿過球網與端線之間的邊線出檯。

增加難度

• 請你的陪練員在發球中加入側旋。

成效檢核

• 向前跨步靠近球的位置。

• 在球彈跳的最高點觸擊球時將球拍向上帶。

• 當觸擊球確定你的肩膀是開展的。

• 跟上完成對著你的目標。

• 每次回擊後隨即回復到預備姿勢。

挑球回擊訓練4.　反手直線挑回擊

放置一個標準大小的紙張在對手正手位的角落作為目標，請你的陪練員發10顆下旋短球到你的反手位，使用反手挑將球以直線回擊到標的上。

增加難度

• 請你的陪練員在發球中加入側旋。

成效檢核

• 向前跨步靠近球的位置。

• 在球彈跳的最高點觸擊球時將球拍向上帶。

• 在你觸擊球時確定你的肩膀是開展的。

• 向著你的目標跟上完成。

• 在每次回擊後隨即回復到預備姿勢。

回擊發球的成效摘要

你在桌球比賽的每一分都是來自於發球或是回擊發球，一個強而有力的回發球能迫使對手處在被動防守的狀態，雖然回擊發球並不是最有趣的練習，但這練習卻是一種能快速幫助你在比賽時進步的方法。

在這個單元的所有訓練，都是幫助你建立對基礎發球的回擊技巧並瞭解相

反手發球回擊訓練	
1. 回擊反手左側旋長發球	____/20
2. 回擊反手右側旋長發球	____/20
正手發球回擊訓練	
1. 回擊正手左側旋長發球	____/20
2. 回擊正手右側旋長發球	____/20
擺短回擊訓練	
1. 前進後退練習	____/10
2. 觸球練習	____/10
3. 發球與擺短	____/20
挑球回擊訓練	
1. 正手對角挑回擊	____/10
2. 正手直線挑回擊	____/10
3. 反手對角挑回擊	____/10
4. 反手直線挑回擊	____/10
總分	____/160

關概念，要知道你是否準備好要向單元七邁進，將所有的分數加總，如果你的分數在130分以上就表示你已準備好邁向單元七；如果沒有，則表示你需要更多練習直到你的分數達130分。

到此，你已經學會基礎的擊球、發球與回擊發球，你的挑戰是整合這些技術到實際的比賽。在單元七將會介紹一個獨特的訓練方式，它將教你如何去連結這些擊球與得分。

單元七　五板球訓練系統運用

在前幾個單元，你已經學會在比賽時會用的一些基礎擊球，如發球、回擊發球，還有如何移動身體。在這個單元你將學到結合所有技巧並運用在比賽時得分。

　　雖然對每種擊球方式進行個別練習確定精熟各種技術以及對球的控制極為重要，但所有的得分均來自一套不同的連續性擊球。例如：你的每一分是從發球或回擊發球開始，你可能有優異的正手上旋球，但你必須同時結合優異的發球與回擊發球技術才能奏效。

　　研究顯示桌球比賽80%的得分在第五板就已經結束，即便有些得分超過五板，球員通常是在第五板的擊球時得分。這個單元的目標是要提升你在一次只能擊一顆球的狀態下，計劃如何得分。截至目前，前面所提訓練一次只需專注在一種打法算是簡單的，當你開始能夠控制自己的擊球時，你應該將這些打法串成一套得分練習。這些套路可以透過五板球訓練系統建立，這是最常被中階與高階球員所採用的訓練模式。

　　要瞭解如何執行這個五板套路的效果，首先要仔細審視在比賽時前五板球的得分模式。

每一分確定前的五板擊球

　　第一板球：發球

　　第二板球：回擊發球

　　第三板球：發球者第一次攻擊

　　第四板球：接發球者第一次防守或
　　　　　　　反攻

　　第五板球：發球者第二次進攻

　　如你所讀，發球者是控制一、三、五板的球，而接發球者控制的是第二與第四板球。發球者與接發球者都會試著利用每次的擊球去安排自己的下一板擊球，雙方的目標都是能在比賽時擊出最強的球且儘快得分。練習並學會這些比賽時的模式，我的學生使用我所稱的五板球訓練系統。

瞭解五板球訓練系統

對這類的練習必須有兩位球員一起訓練，每次訓練有一位球員爲攻擊者，另一位爲餵球夥伴，依照預定的套路餵球給攻擊方。每個訓練都要專注於前面所提的前五板球，所有的擊球都能引導你專注在預先設定好的套路，讓球每次都落在相同的位置。在執行特定的擊球後，攻擊者要試圖得分並將球打在球檯的任一位置，如果餵球員能夠回擊，兩位就必須持續對打直到這分的勝負；不斷重複這樣練習模式，大約進行5~7分鐘後兩人的角色攻防互換。

這類型練習的目標是在各分之間去連結不同的擊球成爲自動化的技術，這也能使球員依據自身最擅長的打法風格去創造自己喜歡的套路。你學到的這些模式最終將成爲你發展自己打法風格的基礎。

前五板球能發展出許多可能的套路，這些套路不勝枚舉，但有幾項會被大多數球員列入常規練習。當你對於這類練習經驗越多時，你也能發展出自己喜歡的風格模式。

錯誤方式
練習中攻擊者完成的有效攻擊少於75%。

修正方法
餵球員要降低球的旋轉或速度較低而使之容易回擊。

錯誤方式
攻擊者的得分少於50%。

修正方法
攻擊者應該專注於主要擊球的落點，目標範圍應該在端線的角落，盡可能是打沿著邊線的直線球或是對方執拍手肘的位置。

桌球
邁向卓越

116

五板球訓練1. 結合兩顆正手上旋的五板球

　　這個訓練，在下旋攻擊與上旋攻擊回擊間進行轉換提供了重要的練習，這是在比賽時最常見的模式之一。進行這個模式訓練10次後，攻守交換。

- 第一板球：攻擊者送一顆短下旋球到餵球員的反手位（圖7.1）。
- 第二板球：餵球員搓一顆長球到攻擊者的反手。
- 第三板球：攻擊者跨步用正手打一顆速度慢但強力的上旋球到餵球員的反手。
- 第四板球：餵球員使用反手反拉到攻擊者的反手位。
- 第五板球：攻擊者打一顆正手快速上旋球並試著在這板球得分，這個擊球能夠打到餵球員那一側球檯的任何位置；如果這個球又被回擊，那麼兩個人繼續對打直到這球分出勝負。

增加難度
- 請你的餵球夥伴增加搓球的旋轉度。
- 請你的餵球夥伴增加反手回擊的速度。

降低難度
- 請你的餵球夥伴降低搓球的旋轉度。
- 請你的餵球夥伴降低反手回擊的速度。

成效檢核
- 第一顆的正手上旋應該有最大的旋轉，在球的下降期觸擊。
- 第二顆正手上旋應有最大的速度，在球彈跳的最高點觸擊。
- 使用正確的步伐。

成效計分
　　注意在10次練習中成功的執行這些套路的擊球，餵球夥伴的失誤不算在內。

　　9~10次成功的完成套路 = 10分
　　7~8次成功的完成套路 = 5分
　　5~6次成功的完成套路 = 1分
　　你的分數_____

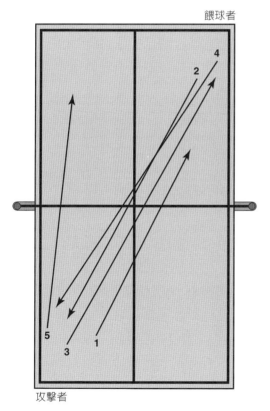

餵球者

攻擊者

圖7.1　兩顆正手上旋五板訓練球的落點

單元七　五板球訓練系統運用

五板球訓練2. 結合兩顆反手上旋的五板球

執行這個套路10次，然後再攻守角色交換。這個訓練與上一個訓練是相同的模式，除了攻擊者使用反手上旋而非正手上旋。再次提醒，這訓練結合了以開放攻擊去對抗下旋的來球而這個攻擊會形成上旋的回擊球給對手。

- 第一板球：攻擊者送一顆短下旋發球到餵球夥伴的反手位置（圖7.2）。
- 第二板球：餵球夥伴搓長球回擊到攻擊者的反手位。
- 第三板球：攻擊者打一顆慢速反手上旋球到餵球夥伴的反手位。
- 第四板球：餵球夥伴用反手反拉回對角線球到攻擊者的反手位。
- 第五板球：攻擊者用快速反手上旋或是快速反攻去贏得這一分，這顆球可以打到餵球夥伴球檯上的任何位置；如果球被餵球夥伴接回來，則持續對打到這分分出勝負。

增加難度

- 請你的餵球夥伴增加搓球的旋轉度。
- 請你的餵球夥伴增加反手反拉球的速度。

降地難度

- 請餵球夥伴降低搓球的旋轉度。
- 請餵球夥伴降低反手反拉球的速度。

成效檢核

- 當你在執行反手上旋球來對抗下旋球時，運用腿部帶動上衝的力量。
- 觸擊第一顆反手上旋球時需在球的下降期去製造出最大的上旋。
- 觸擊第二顆反手上旋球時要在球彈跳的最高點並打出最快的速度。

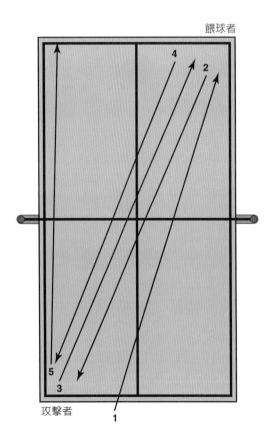

圖7.2　兩顆反手上旋五板訓練球的落點

成效計分

注意在10次練習中成功的執行這些套路的擊球，餵球夥伴的失誤不算在內。

9~10次成功的完成套路 = 10分

7~8次成功的完成套路 = 5分

5~6次成功的完成套路 = 1分

你的分數_____

五板球訓練3. 結合一顆反手上旋與一顆正手上旋的五板球

這個訓練，你的練習是結合了開放的反手上旋壓迫對手打一個質量較弱的回擊，然後再用正手的強力上旋球去得分。進行10次這樣的練習後再與你的夥伴攻守交換。

- 第一板球：攻擊者發一顆半出檯的反手下旋球到餵球夥伴的反手位（圖7.3）
- 第二板球：餵球夥伴用反手挑球回擊一個對角球。

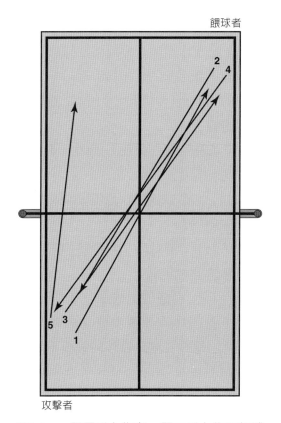

餵球者

攻擊者

圖7.3 一顆反手上旋與一顆正手上旋五板球的落點

- 第三板球：攻擊者用反手上旋將球回擊到對角。
- 第四板球：餵球夥伴運用反手反攻回一個對角球。
- 第五板球：攻擊者跨步打一顆快速的正手上旋去贏得這分，這個球可打到對手球檯的任何位置；如果球被回擊，則持續對打直到這球分出勝負。

增加難度

- 請你的餵球夥伴增加反手反攻回擊的球的速度。

降低難度

- 請你的餵球夥伴降低反手反攻回擊的球的速度。

成效檢核

- 你的反手上旋回擊球應該切到餵球夥伴反手的邊線位置。
- 在打正手上旋球時，需在彈跳的最高點觸擊盡全力回擊。

成效計分

注意在10次練習中成功的執行這些套路的擊球，餵球夥伴的失誤不算在內。

9~10次成功的完成套路 = 10分

7~8次成功的完成套路 = 5分

5~6次成功的完成套路 = 1分

你的分數＿＿＿＿＿

單元七　五板球訓練系統運用

五板球訓練4. 結合反手反攻與正手上旋的五板球

這個訓練結合發長球與快速反手反攻，最後以正手上旋球作為結束，所有的球都由你的反手角落開始。進行這套訓練10次後，與你的餵球夥伴攻守交換。

- 第一板球：攻擊者發一顆快速側上旋的長球到餵球夥伴的反手位（圖7.4）。
- 第二板球：餵球夥伴使用反手上旋將球回到對角。
- 第三板球：攻擊者用反手反攻將球打回對角位置。

- 第四板球：餵球夥伴以反手反攻將球回到對角。
- 第五板球：攻擊者跨步運用最強的正手上旋球將球打到餵球夥伴球檯的任何位置，試著在這一擊得分；如果球被打回來，則持續對打直到這球分出勝負。

增加難度
- 請你的餵球夥伴增加反手回擊球的旋轉度。
- 請你的餵球夥伴增加反手回擊的速度。

降低難度
- 請你的餵球夥伴減少反手回擊球的旋轉度
- 請你的餵球夥伴降低反手回擊的速度。

成效檢核
- 穩定以第二檔（中速）速度完成反手反攻。
- 你的反手反攻球應該切到餵球夥伴反手的邊線位置。
- 在打正手上旋球時，在彈跳的最高點觸擊盡全力回擊。

成效計分

注意在10次練習中成功的執行這些套路的擊球，餵球夥伴的失誤不算在內。

9~10次成功的完成套路 = 10分
7~8次成功的完成套路 = 5分
5~6次成功的完成套路 = 1分
你的分數＿＿＿＿

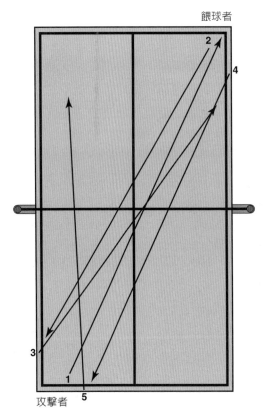

圖7.4 反手反攻與正手上旋五板訓練球的落點

五板球訓練5. 結合正手挑與正手反拉上旋的五板球

這項訓練，攻擊者以挑將球挑到距餵球夥伴正手最遠的位置，餵球夥伴將會如預期的將球打回對角的位置，試著用正手反拉上旋球來贏得這一分。進行這個套路練習10次後，與餵球夥伴攻守交換。

- 第一板球：攻擊者發一顆短下旋球到餵球夥伴的正手位（圖7.5）。
- 第二板球：餵球夥伴擺短回球到對角。
- 第三板球：攻擊者用正手挑一顆長球到對角。

- 第四板球：餵球夥伴使用正手上旋將球回到對角。
- 第五板球：攻擊者用強力正手反拉將球打到餵球夥伴球檯的任何位置以贏得這一分，如果這一球被回擊則繼續對打到這球分出勝負。

增加難度

- 請餵球夥伴變化擺短的位置，使球落在攻擊者球檯中間與最遠的正手位皆可。
- 請餵球夥伴增加正手上旋球的速度。
- 請餵球夥伴增加正手上旋球的旋轉度。

成效檢核

- 在執行正手挑球時，確定你的回擊要切到餵球夥伴正手位球檯的邊線。
- 在執行正手反拉上旋球時，在球彈起的最高點去觸擊。

成效計分

注意在10次練習中成功的執行這些套路的擊球，餵球夥伴的失誤不算在內。

9~10次成功的完成套路 = 10分
7~8次成功的完成套路 = 5分
5~6次成功的完成套路 = 1分
你的分數＿＿＿＿

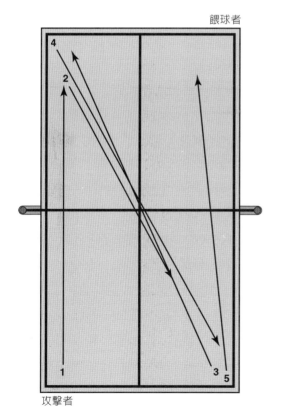

餵球者

攻擊者

圖7.5 正手挑與正手反拉上旋五板訓練球的落點

四板球訓練1.　使用反手反拉的第四板反攻

這個訓練重點是以上旋球反攻到餵球者正手開放的位置，進行這個套路練習10次後，與餵球夥伴攻守交換。

- 第一板球：餵球夥伴發一顆短或半出檯下旋球到攻擊者的反手（圖7.6）。
- 第二板球：攻擊者搓一顆長球到餵球夥伴的反手位，盡可能將球切到餵球者反手位的邊線。
- 第三板球：餵球夥伴用反手上旋回球到對角。

- 第四板球：攻擊者用反手反攻一顆強力球到餵球夥伴球檯的任何位置以贏得這分，如果這顆球被回擊則繼續對打直到這球分出勝負。

增加難度

- 請餵球夥伴變化反手上旋球的位置，將球送到攻擊者一側反手位的任何位置。
- 請餵球夥伴增加回擊球的速度。
- 請餵球夥伴增加回擊球的旋轉度。

成效檢核

- 試著在回發球時將球打到餵球夥伴反手位的球檯邊線。
- 執行你的反手反攻球時速度要快（用第二檔速度），全力擊球時略帶一點摩擦力量。

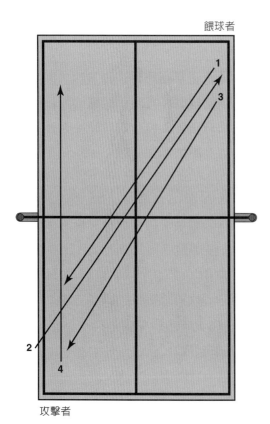

圖7.6　反手反拉進行第四板訓練時球的落點

四板球訓練2. 結合反手挑與正手反拉的第四板攻擊

這個訓練重點是攻擊者以侵略性的挑球回擊對手發球，攻擊者可預期球會被回到自己的對角，攻擊者側身到反手角落發動強力正手上旋去取得這分。進行這個套路練習10次後，與餵球夥伴攻守交換。

- 第一板球：餵球夥伴送一顆混合旋轉的發球到攻擊者的反手位（圖7.7）。
- 第二板球：攻擊者使用反手挑將球回擊到對角。

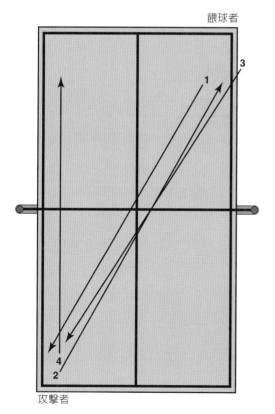

圖7.7 反手挑與正手反拉第四板攻擊訓練時球的落點

- 第三板球：餵球夥伴用反手上旋將球回擊到攻擊者的對角。
- 第四板球：攻擊者側身打一顆強力正手反拉到餵球夥伴球檯的任何位置以贏得這一分，如果球被回擊則繼續對打到這一球分出勝負。

增加難度

- 請餵球夥伴在發球與反手上旋回球上增加更多的旋轉。

降低難度

- 請餵球夥伴在發球與反手上旋回球上減少旋轉。

成效檢核

- 確定你的反手挑將球切到餵球夥伴的邊線迫使對手回對角球。
- 使用正確的側身步伐移動到適當的位置發動正手上旋攻擊。
- 在執行正手反拉時，在球上升期的最高點觸擊球。

成效計分

注意在10次練習中成功的執行這些套路的擊球，餵球夥伴的失誤不算在內。

9~10次成功的完成套路 = 10分
7~8次成功的完成套路 = 5分
5~6次成功的完成套路 = 1分
你的分數＿＿＿＿

單元七 五板球訓練系統運用

四板球訓練3. 結合正手挑與正手反拉的第四板攻擊

這個訓練是由攻擊者以正手挑球壓在正手邊線到餵球夥伴那側，攻擊者可預期球會被回到己側對角，攻擊者側身到反手角落，試著用正手反拉去取得這分。進行這個套路練習10次後，與餵球夥伴攻守交換。

- 第一板球：餵球夥伴送一顆混合旋轉的發球到攻擊者的正手位置（圖7.8）。
- 第二板球：攻擊者將球挑到對角，試著將球壓在球檯的邊線上。

- 第三板球：餵球夥伴使用正手上旋回擊將球打到對角。
- 第四板球：攻擊者用正手強力反拉將球打到餵球夥伴球檯的任何位置以贏得這分，如果這顆球被擊回則持續對打直到這一球分出勝負。

增加難度
- 請讓餵球夥伴增加發球與正手上旋回擊的旋轉。

降低難度
- 請讓餵球夥伴減少發球與正手上旋回擊的旋轉。

成效檢核
- 確定正手挑回擊球穿過餵球夥伴正手的球檯的邊線。
- 當執行正手反拉球時，在球彈跳的最高點時觸擊。

成效計分

注意在10次練習中成功的執行這些套路的擊球，餵球夥伴的失誤不算在內。

9~10次成功的完成套路 = 10分
7~8次成功的完成套路 = 5分
5~6次成功的完成套路 = 1分
你的分數_____

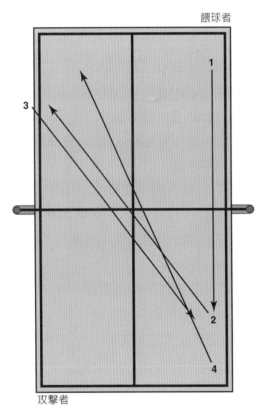

圖7.8 使用正手挑與正手反拉的第四板攻擊訓練時球的落點

四板球訓練4. 結合一顆反手上旋與一顆正手上旋的第四板攻擊

這個訓練結合了具侵略性的反手上旋回擊發球與側身到反手發動強力正手上旋來得分。進行這個套路練習10次後,與餵球夥伴攻守交換。

- 第一板球:餵球夥伴送一顆長且快的混合旋轉發球到攻擊者的反手位(圖7.9)。
- 第二板球:攻擊者使用反手上旋回擊將球送到對角。
- 第三板球:餵球夥伴使用反手反攻將球回到對角。

- 第四板球:攻擊者跨步發動強力正手上旋到餵球夥伴球檯的任何位置以贏得這一分,如果球被回擊則繼續對打直到這球分出勝負。

增加難度

- 讓你的餵球夥伴在發球上做變化,並增加反手反攻的速度。

降低難度

- 請你的餵球夥伴發同樣的長球並減少反手反攻的速度。

成效檢核

- 在你接發球時,確定你站在距球檯一個手臂的位置。
- 在你回接發球時試著將球壓在餵球夥伴反手球檯的邊線。
- 當你移動到反手角落要發動正手上旋攻擊時運用正確的側身步伐。

成效計分

注意在10次練習中成功的執行這些套路的擊球,餵球夥伴的失誤不算在內。

9~10次成功的完成套路 = 10分
7~8次成功的完成套路 = 5分
5~6次成功的完成套路 = 1分
你的分數_____

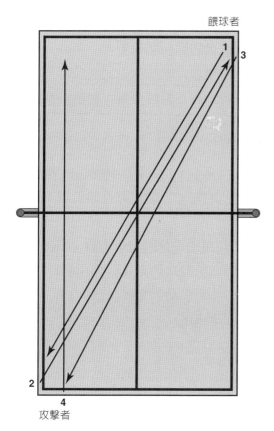

餵球者

攻擊者

圖7.9　一顆反手上旋與一顆正手上旋第四板攻擊訓練球的落點

單元七　五板球訓練系統運用

四板球訓練5. 結合反手擺短與正手上旋的第四板攻擊

　　這個訓練，攻擊者給一個短的發球回擊試著逼迫對手回搓一顆長球，接著就能以正手搓長球發動攻擊。進行這個套路練習10次後，與餵球夥伴攻守交換。

- 第一板球：餵球夥伴送一顆短下旋發球到攻擊者的反手位（圖7.10）。
- 第二板球：攻擊者以反手擺短回擊球到對角。
- 第三板球：餵球夥伴使用反手搓球將球回擊到對角。

- 第四板球：攻擊者跨步發動強力正手上旋回擊到餵球夥伴球檯的任何位置以贏得這分，如果這板球被回擊則繼續對打直到這球分出勝負。

增加難度
- 請餵球夥伴增加發球與搓球回擊的旋轉度。

降低難度
- 請餵球夥伴減少發球與搓球回擊的旋轉度。

成效檢核
- 你的擺短應該儘量維持慢且短。
- 執行完擺短，在餵球夥伴執行搓長球之前就回到預備位置。
- 在攻擊餵球夥伴劈來的長球時，在球彈跳的最高點時觸擊以製造最快的速度。

成效計分
　　注意在10次練習中成功的執行這些套路的擊球，餵球夥伴的失誤不算在內。

　　9~10次成功的完成套路 = 10分
　　7~8次成功的完成套路 = 5分
　　5~6次成功的完成套路 = 1分
　　你的分數＿＿＿＿＿

餵球者

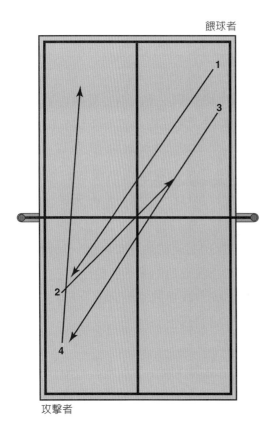

攻擊者

圖7.10　反手擺短與正手上旋第四板攻擊訓練球的落點

三板球訓練1. 發短球結合快速上旋的第三板攻擊

在這個訓練，攻擊者的發球必須短，試著逼對手回一個搓長球攻擊。練習這個套路10次後，與餵球夥伴攻守交換。

- 第一板球：攻擊者發一顆短球到餵球夥伴的反手位（圖7.11）。
- 第二板球：餵球夥伴搓長球將球回擊送到對角。

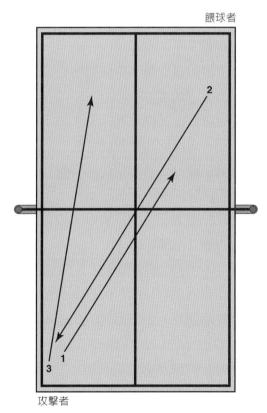

圖7.11 發短球結合快速上旋第三板攻擊訓練球的落點

- 第三板球：攻擊者跨步發動正手快速上旋球攻擊到餵球夥伴球檯的任何位置以贏得這分，如果這板球被回擊則繼續對打直到這球分出勝負。

增加難度
- 請你的餵球夥伴搓長球回擊時改變在你球檯反手位那半區球落點。

降低難度
- 讓你的餵球夥伴將球都回到同一個位置。

成效檢核
- 確定你的發球是短且慢。
- 發完球後，在餵球夥伴觸擊到球之前立即回復到預備位置。
- 使用正確的側身步伐快速移動到反手的角落。
- 在執行正手上旋球以對抗搓長球時，需在球彈跳的最高點觸擊。

成效計分

注意在10次練習中成功的執行這些套路的擊球，餵球夥伴的失誤不算在內。

9~10次成功的完成套路 = 10分
7~8次成功的完成套路 = 5分
5~6次成功的完成套路 = 1分
你的分數_____

單元七 五板球訓練系統運用

三板球訓練2. 發長球結合快速上旋的第三板攻擊

這個訓練結合發長球與側身到正手位，好讓你可以發動正手上旋攻擊。練習這個套路10次後，與餵球夥伴攻守交換。

- 第一板球：攻擊者發一顆快速長球到餵球夥伴的反手，試著將這板球回到對角的邊線，迫使對手必須將球回到對角（圖7.12）。
- 第二板球：餵球夥伴使用反手上旋球將球回到對角。

- 第三板球：攻擊者跨步發動快速正手反拉或反攻，將球打到餵球夥伴球檯的任何位置以贏得這分，如果這一板球被回擊則繼續對打直到分出勝負。

增加難度

- 讓你的餵球夥伴增加反手上旋回擊的旋轉與速度。

降低難度

- 讓你的餵球夥伴減少反手上旋回擊的旋轉與速度。

成效檢核

- 確定你的發球夠深夠快並壓到餵球夥伴的反手的邊線。
- 發完球後，在餵球夥伴還未觸及到球之前，立即回復到預備位置。
- 使用正確的側身步伐快速移動到你反手的角落。
- 在執行正手反拉或反攻時，要在球彈跳的最高點觸擊球。

成效計分

注意在10次練習中成功的執行這些套路的擊球，餵球夥伴的失誤不算在內。

9~10次成功的完成套路 = 10分
7~8次成功的完成套路 = 5分
5~6次成功的完成套路 = 1分
你的分數_____

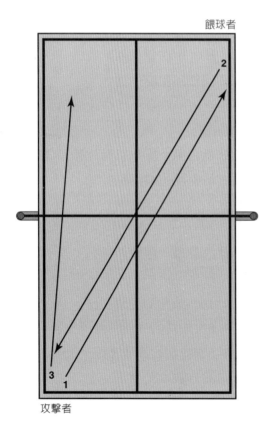

餵球者

攻擊者

圖7.12 結合發長球與快速上旋第三板訓練球的落點

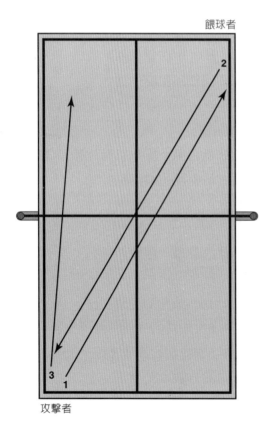
桌球
邁向卓越

三板球訓練3. 半出檯發球結合快速上旋的第三板攻擊

這個訓練，攻擊者必須可以確認餵球夥伴的回擊發球類型，並依此調整自己的攻擊。練習這個訓練套路10次，再與餵球夥伴攻守交換。

- 第一板球：攻擊者發一顆半出檯球到餵球者的反手位置（圖7.13）。
- 第二板球：餵球者以反手挑或搓長球將球回擊到發球者的對角。
- 第三板球：攻擊者跨步以快速的正手上旋將球打到餵球者球檯的任何位置，並試著在這一板得分；如果這板

被餵球者回擊，則持續對打直到這球分出勝負為止。

增加難度
- 請位球員偶爾混合變化發球回擊到攻擊者球檯反手與中線的落點。

降低難度
- 請餵球者在使用挑與搓球回擊時將球都送到同一個位置。

成效檢核
- 發球後，在餵球者觸及到球以前便還原到預備姿勢。
- 運用正確的側身步伐快速移動到你反手角落的位置。
- 在執行正手上旋或反攻時，需在球彈跳的最高點擊球。
- 謹記在對抗下旋球時，需觸擊球正面中心略微下方的位置；對抗上旋球時（挑），則需觸擊球的正面中心略微上方的位置。

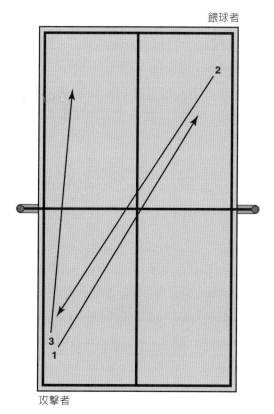

餵球者

攻擊者

圖7.13 半出檯發球結合第三板快速上旋攻擊訓練球的落點

成效計分
注意在10次練習中成功的執行這些套路的擊球，餵球夥伴的失誤不算在內。

9~10次成功的完成套路 = 10分
7~8次成功的完成套路 = 5分
5~6次成功的完成套路 = 1分
你的分數＿＿＿＿＿

三板球訓練4. 發短球結合挑的第三板攻擊

這個訓練，攻擊者要試著利用強力的挑球去回擊發球夥伴的擺短回擊。練習這個套路10次後，與你的餵球夥伴攻守交換。

• 第一板球：攻擊者發一顆短下旋球到餵球夥伴的正手位（圖7.14）。

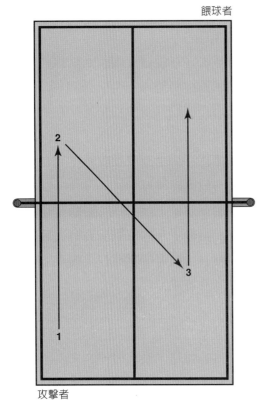

餵球者

攻擊者

圖7.14 發短球結合挑的第三板攻擊訓練球的落點

• 第二板球：餵球夥伴以擺短將球回到攻擊者的正手位。

• 第三板球：攻擊者以正手挑將球回擊到餵球夥伴球檯的任何位置以贏得這分，如果這一板球被回擊則繼續對打到這一球分出勝負為止。

增加難度

• 請你的餵球夥伴回球到攻擊者正手位半側的球檯時變化球的落點。

降低難度

• 請你的餵球夥伴將每顆球都回到相同的位置。

成效檢核

• 在球彈跳的最高點觸擊。

• 在觸擊到球時球拍要往上帶。

• 你的目標區域是端線的角落，盡可能去壓在球檯的邊線上或是在餵球夥伴執拍手的手肘。

成效計分

注意在10次練習中成功的執行這些套路的擊球，餵球夥伴的失誤不算在內。

9~10次成功的完成套路 = 10分

7~8次成功的完成套路 = 5分

5~6次成功的完成套路 = 1分

你的分數_____

二板球訓練1. 對抗短球發球的第二板反手攻擊

這個訓練，餵球夥伴發一顆短球到攻擊者的反手位，攻擊者以擺短與挑的混合回擊將其回到餵球夥伴球檯的任何位置以贏得這分。進行這個套路訓練10次後，與餵球夥伴攻守交換。

• 第一板球：餵球夥伴發一顆短球到攻擊者的反手位（圖7.15）。

餵球者

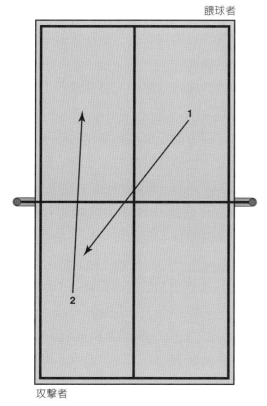

攻擊者

圖7.15 對抗短球發球第二板反手攻擊訓練球的落點

• 第二板球：攻擊者試著以挑或擺短將球回到餵球夥伴球檯的任何位置以贏得這分，如果這板球被回擊，則繼續對打到這顆球分出勝負爲止。

增加難度
• 請發球夥伴在發球時增加旋轉。

降低難度
• 請發球夥伴減少發球的旋轉。

成效檢核
• 執行挑球回擊時，需在球彈跳的最高點觸擊。
• 在執行擺短時，要在球的上升期擊球。
• 試著以混合擺短與挑回擊並變化落點，這樣便能迫使餵球夥伴回球沒有質量。

成效計分
注意在10次練習中成功的執行這些套路的擊球，餵球夥伴的失誤不算在內。

9~10次成功的完成套路 = 10分
7~8次成功的完成套路 = 5分
5~6次成功的完成套路 = 1分
你的分數＿＿＿＿＿

二板球訓練2. 對抗短球發球的第二板正手攻擊

這個訓練中，餵球夥伴發一個短球到攻擊者的正手，攻擊者試著去贏得這分，或是透過混合挑與擺短回擊取得優勢，回擊球可在餵球夥伴球檯的任何位置。進行這個套路練習10次後，與餵球夥伴攻守交換。

• 第一板球：餵球夥伴發一顆短下旋球到攻擊者的正手位（圖7.16）。

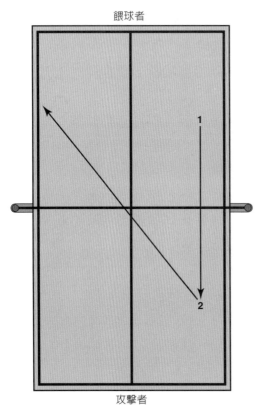

餵球者

攻擊者

圖7.16 第二板正手攻擊對抗短球發球訓練球的落點

• 第二板球：攻擊者試著以正手擺短或是挑去贏得這分，將球回到餵球夥伴球檯的任何位置；如果這一板被回擊，則持續對打到這球分出勝負。

增加難度

• 讓你的發球夥伴增加發球的旋轉。

降低難度

• 請你的餵球夥伴減少發球的旋轉度。

成效檢核

• 在執行以挑回擊時，要在球彈跳的最高點觸擊。

• 在執行擺短回擊時，要在球的上升期觸擊。

• 試著混合擺短與挑並變化球的落點，這會迫使餵球夥伴的回球沒有質量。

成效計分

注意在10次練習中成功的執行這些套路的擊球，餵球夥伴的失誤不算在內。

9~10次成功的完成套路 = 10分

7~8次成功的完成套路 = 5分

5~6次成功的完成套路 = 1分

你的分數_____

二板球訓練3. 對抗半出檯發球的第二板反手攻擊

這個訓練，攻擊者必須能判斷對手發球的距離足夠發動反手上旋攻擊，或反手挑球需要的距離。練習這個套路10次後，與餵球夥伴攻守交換。

- 第一板球：餵球夥伴送一顆半出檯的發球到攻擊者的反手位（圖7.17）。
- 第二板球：攻擊者試著以反手挑或反手上旋去贏得這分，這板球可以打到餵球夥伴球檯的任何位置；如果這板球被回擊，則繼續對打直到這球分出勝負。

增加難度

- 請你的餵球夥伴改變發球的旋轉度，以及改變在攻擊者反手那側球檯的落點。

降低難度

- 請你的餵球夥伴維持相同的發球落點。

成效檢核

- 專注在將回球打到端線的角落，最好是壓在球檯的邊線，或是在餵球夥伴執拍手手肘的位置。
- 任何來到你球檯的發球在第二跳以前你應該盡全力發動上旋攻擊，而非用挑的。

成效計分

注意在10次練習中成功的執行這些套路的擊球，只計算落在正確目標的回球（角落或餵球夥伴的手肘位置），餵球夥伴的失誤不算在內。

　　9~10次成功的完成套路 = 10分

　　7~8次成功的完成套路 = 5分

　　5~6次成功的完成套路 = 1分

　　你的分數＿＿＿＿＿

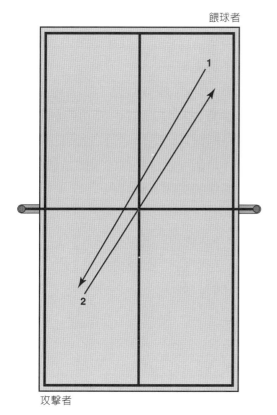

餵球者

攻擊者

圖7.17 對抗半出檯發球第二板反手攻擊訓練球的落點

單元七 五板球訓練系統運用

二板球訓練4. 對抗半出檯發球的第二板正手攻擊

這個訓練，攻擊者必須能判斷對手發球距離足夠發動正手上旋攻擊，或正手挑球需要的距離。練習這個套路10次後，與餵球夥伴攻守交換。

- 第一板球：餵球夥伴發一顆半出檯的球到攻擊者的正手位（圖7.18）。
- 第二板球：攻擊者試著以正手挑或正手上旋攻擊得分，這板球可打到餵球夥伴球檯的任何位置。如果這板球被回擊，則繼續對打直到分出勝負為

止。

增加難度

- 請你的餵球夥伴改變發球模式、發球的旋轉，還有發球的落點，球需落在攻擊者球檯正手那側半區的範圍。

降低難度

- 請你的餵球夥伴將發球送到同一個位置。

成效檢核

- 專注在回擊球到端線的角落，最好能壓到邊線或是到餵球夥伴執拍手手肘的位置。
- 任何到你球檯的發球，在球第二跳之前你應該以正手上旋球盡全力攻擊，而不是挑球。

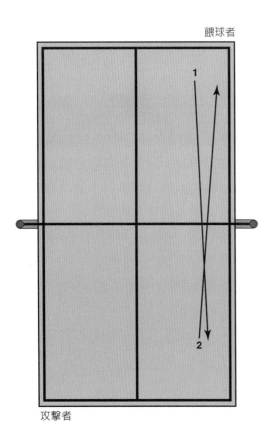

餵球者

攻擊者

圖7.18 對抗半出檯發球第二板正手攻擊訓練球的落點

卓球 邁向卓越

二板球訓練5. 對抗長球發球的第二板反手攻擊

這個訓練中，餵球夥伴發一個長球到攻擊者的反手，攻擊者試著以反手上旋回到對手右側外角得分或迫使餵球夥伴失誤。進行這個套路練習10次後，與餵球夥伴攻守交換。

• 第一板球：餵球夥伴發一個快速長球到攻擊者的反手位（圖7.19）。

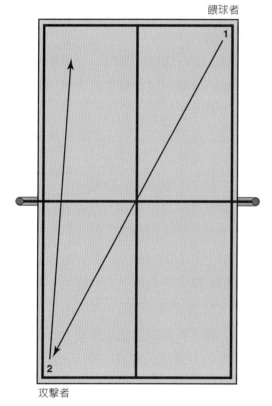

餵球者

攻擊者

圖7.19 對抗長球發球第二板反手攻擊訓練球的落點

• 第二板球：攻擊者試著以反手上旋去贏得這分，這板球可打到餵球夥伴球檯的任何位置。如果這板球被擊回，則繼續對打直到這球分出勝負為止。

增加難度

• 請你的餵球夥伴變化發球的形式並增加發球的旋轉。

降低難度

• 請你的餵球夥伴都維持同樣的發球。

成效檢核

• 你的回擊球要控制在角落，儘量是壓在球檯的邊線，或是在餵球夥伴執拍手的手肘位置。

• 以上旋球回擊後，立即回復到預備姿勢。

• 試著變化回擊球上的旋轉。

• 試著讓自己的回擊球過網高度越低越好。

成效計分

注意在10次練習中成功的執行這些套路的擊球，只計算落在正確目標的回球（角落或餵球夥伴的手肘位置），餵球夥伴的失誤不算在內。

9~10次成功的完成套路 = 10分
7~8次成功的完成套路 = 5分
5~6次成功的完成套路 = 1分
你的分數_____

單元七 五板球訓練系統運用

二板球訓練6. 對抗長球發球的第二板正手攻擊

這個訓練中，餵球夥伴發一個長球到攻擊者的正手位置，攻擊者試著以正手上旋回擊到對手右側外角以贏得這分或迫使餵球夥伴失誤。進行這個套路練習10次後，與餵球夥伴攻守交換。

- 第一板球：餵球夥伴發一個快速長球到攻擊者的正手（圖7.20）。

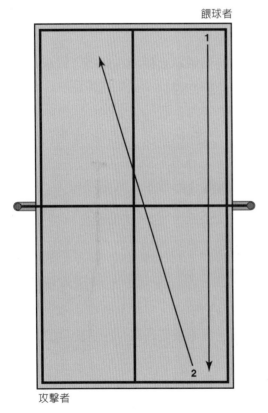

餵球者

攻擊者

圖7.20 對抗長球發球第二板正手上旋攻擊訓練球的落點

- 第二板球：攻擊者試著以正手上旋去贏得這分，這板球可打對餵球夥伴球檯的任何位置。如果這板球被回擊，則繼續對打直到這球分出勝負。

增加難度

- 請你的餵球夥伴變化發球的形式並增加發球的旋轉。

降低難度

- 請你的陪練夥伴維持一樣的發球。

成效檢核

- 回擊球需在端線的角落，儘量能壓到球檯的邊線，或者將球打到餵球夥伴執拍手的手肘。
- 回擊上旋球後，立即回復到預備姿勢。
- 試著變化回擊球上的旋轉。
- 試著讓自己回擊過網的球越低越好。

成效計分

注意在10次練習中成功的執行這些套路的擊球，只計算落在正確目標的回球（球檯角落或餵球夥伴的手肘位置），餵球夥伴的失誤不算在內。

9~10次成功的完成套路 = 10分
7~8次成功的完成套路 = 5分
5~6次成功的完成套路 = 1分
你的分數_____

在這個訓練，要專注在發一個具破壞性的球以得分，試著在你的發球中混合長球、落點以及球的旋轉，迫使你的對手回一顆較無質量的球，這給你發動攻擊的機會。

攻擊者發球時試著以這顆發球得分，或是在第三板或第五板搶攻得分，餵球者也試著在回擊搶分，餵球者可用任何的回擊技巧與落點，任何一球如果超過五板那麼這分就屬餵球者獲勝。練習10球皆由攻擊者先發球，接著再攻守交換。

增加難度

• 攻擊者必須在第一板也就是發球或是第一次攻擊（第三板）贏得這一分。

成效檢核

• 試著混合不同發球與發球的落點。

• 使用你最擅長的打法，儘快贏得這分。

• 注意到你每顆回球的落點。

成效計分

依你演練攻擊者時的得分統計你的分數。

贏得7分以上 = 10分

贏得5~7分 = 5分

贏得3~5分 = 1分

你的分數_____

運用五板球訓練系統成效摘要

在這個單元你學會使用前五板訓練系統的基礎套路，這種練習方式能讓你專注得分前的五板球，當你學會如何去打這分球時你會發展出自己個人的打法風格。前五板訓練系統應列為所有程度球員個人平時訓練的項目之一，提升你的比賽時個人打法的質量永遠都不嫌少。

要確定自己是否已準備邁向第八單元只需將這單元的分數加總，如果你的分數達到160分或更多，就表示你可以向單元八邁進；如果未達到這分數，你則需要再多練習。

五板球訓練

1. 結合兩顆正手上旋的五板球	____/10
2. 結合兩顆反手上旋的五板球	____/10
3. 結合一顆反手上旋與一顆正手上旋的五板球	____/10
4. 結合反手反攻與正手上旋的五板球	____/10
5. 結合正手挑與正手反拉上旋的五板球	____/10

四板球訓練

1. 使用反手反拉的第四板反攻	____/10
2. 結合反手挑與正手反拉的第四板攻擊	____/10
3. 結合正手挑與正手反拉的第四板攻擊	____/10
4. 結合一顆反手上旋與一顆正手上旋的第四板攻擊	____/10
5. 結合反手擺短與正手上旋的第四板攻擊	____/10

三板球訓練

1. 發短球結合快速上旋的第三板攻擊	____/10
2. 發長球結合快速上旋的第三板攻擊	____/10
3. 半出檯發球結合快速上旋的第三板攻擊	____/10
4. 發短球結合挑的第三板攻擊	____/10

二板球訓練

1. 對抗短球發球的第二板反手攻擊	____/10
2. 對抗短球發球的第二板正手攻擊	____/10
3. 對抗半出檯發球的第二板反手攻擊	____/10
4. 對抗半出檯發球的第二板正手攻擊	____/10
5. 對抗長球發球的第二板反手攻擊	____/10
6. 對抗長球發球的第二板正手攻擊	____/10

一板球訓練

1. 發球搶攻得分	____/10
總分	____/210

　　在完成前五板系統訓練後，你會發現有些特定的打法模式很快會成為你個人喜好的風格。在下一單元你會像一位球員一樣去整合這些優勢成為你個人的打法風格，單元八將介紹許多球員在比賽時經常使用的基本打法。

桌球
邁向卓越

單元八　瞭解打法風格與技戰術

在單元七，你已經學會使用五板訓練系統結合各種擊球去得分，當你已進步到這個階段你將會擁有屬於自己的打法風格。在單元八將介紹七種基本打法，並引導你逐漸建立自己的打法風格，一些基本的技戰術也在本單元裡一併介紹。

七種風格的打法

　　七種基本打法有直板顆粒膠打法、反攻、近檯防守、攻擊型的削球、中檯弧圈的防守、凶狠型弧圈打法與全面攻擊型等打法，多數的球員都會結合其中至少兩種打法。

　　最重要的決定之一，是你必須選擇一個屬於你個人風格的打法，當你想建立個人打法風格時必須思考三個關鍵點：

1. 你最具優勢的打法是哪個？以這個為基礎去建立自己的風格，儘量地常將自己的優勢融入比賽裡。

2. 哪一種打法是你喜歡的？除非你能享受比賽時的打法否則你不可能成功。

3. 你的打法需要配合什麼樣的速度？桌球有三種的速度必須考慮：手的速度（你的手部移動到球位置時間）、腳的速度（你沿著球檯移動的快慢），還有球的速度與力量（在擊球的瞬間你可以在球上產生的力量）。

　　當你熟讀各種風格的打法介紹後，你應該能找到某種打法開始在比賽時使用。大多數的的球員會對某一打法非常精熟，在緊急狀況時會有第二個熟練打法。

直板顆粒膠打法

　　使用這個打法的球員使用直拍握法，正手拍面是顆粒向外的膠皮。直板顆粒膠打法的球員通常在站在距球檯3英尺（大約1公尺）以內的範圍，所有球的觸擊點都很早，是在球彈跳的最高點或在球的上升期就擊球；以正手進攻為主，這類球員都有很強的正手攻擊，還有非常快速的側身步伐由反手轉成正手。直板顆粒膠打法就是要快速得分，對於球一彈起就回擊的打法非常熟練，快速回擊能減少對手反應的時間，進而產生時間壓力使迫使手出現錯誤，在1960~1990年代因許多中國的世界冠軍採此打法而非常有名，目前仍是一種普遍的打法。近年，直拍橫打技術的發展給予直拍反手擊球新的氣象，並解決原來直拍反手的弱點。

速度要件

　　　　手的速度 = 快

　　　　腳的速度 = 快

　　　　力量 = 大

傳統的優勢

- 快速的側身由反手角落轉正手位置。
- 強力的正手殺球。
- 有效的正手上旋對抗長下旋球。
- 從反手位置做加力推。
- 比賽時間短。
- 很好的發球與發球回擊。
- 敏捷，球一彈離桌面立刻回擊讓對手幾乎沒有時間去反應。

- 從正手轉反手很順暢沒有轉換時的弱點。

傳統的弱點

- 以反手接長的發球時質量不佳。
- 反手擋高的弧圈球時質量不佳。
- 被迫去回擊遠方正手的位置，這種打法要快速回復並防護反手位有困難。
- 對長下旋球的反手攻擊質量不佳。

　　如果球員能使用直拍橫打的打法，這些反手位的弱點可能會消失。

反攻型球員

　　這種打法的球員經常被比喻是一面「*牆*」，這種球員的打法是靠近球檯利用對手來球的速度與旋轉借力將這些再回給對手，它主要的擊球方式就是擋與反攻，而這些球的落點與穩定性經常會迫使對手發生失誤。這種打法風格通常僅是以上旋球為手段進入到反攻的回合，通常缺乏致勝一擊，雖然這在地方性的小比賽是種致勝方式，但它很少在職業水平的比賽裡出現。

速度要件

　　　　手的速度 = 快

　　　　腳的速度 = 中等

　　　　力量 = 小

傳統的優勢

- 有效的手部速度與擋球。
- 強力反手擋與反攻。
- 球員很少有輕易的失誤。
- 有能力去製造大角度的球去調動對手的位置。

- 有能力抵消球的旋轉去控制球的速度並且技巧性變化球的落點。

傳統的弱點
- 缺乏結實的力量。
- 對手能將球帶到距正手遠處的位置。
- 要以反手攻擊下旋球有困難。
- 對落在中線或反手位置的上旋高球回擊有困難。

近檯防守型球員

　　這種打法是建立在靠近球檯位置執行切擋與推側旋，使用這種打法的球員通常都是使用一面為長顆粒或防弧膠皮而另一面為平面或短顆粒膠皮的球拍。這些球員採用抵消速度的推擋去削弱對手上旋攻擊與搓球的威力，接著他們會利用落點安排或上旋發動攻擊。近檯防守型球員是安排球落點的專家，但卻缺乏致勝一擊的力量。這種打法在年長的球員間很受歡迎，因為他們有非常好的手部技巧但卻缺乏有效的移動能力，因此必須讓對手的打法慢下來以達到自己想要的效果。

速度要件
　　　手部速度 = 高
　　　腳步度 = 低
　　　力量 = 中等

傳統的優勢
- 從近檯執行非常穩定的推擋。
- 極佳的發球與發球回擊。
- 非常準確的正手攻球。
- 運用搓與擺短有效控制比賽時間。
- 有能力吸住對手強力球。

傳統的弱點
- 沒有結實的力量。
- 對手可以打高的弧圈球到反手位。
- 對手可直接將球打到正手遠端的位置。
- 無旋轉的發球與搓球能迫使發生失誤。

攻擊型的削球球員

　　攻擊型的削球球員被認為是最佳的攻擊者，他們能利用下旋去安排自己的攻擊機會，這類球員常使用一面是長顆粒膠皮而另一面是平面的球拍，他們會翻轉球拍去製造出多樣的防守與攻擊。現代的攻擊型削球球員在比賽時通常都具備強力的正手弧圈球與殺球，以及反手削球的能力。當對手出現任何沒有質量的回擊球他們隨即發動強力的攻擊，並掌握第三板的機會。

　　自從球的體積改成直徑40mm後，相較過去，攻擊型的削球手發展出一種幾乎每一顆正手回擊都是以攻擊為主，而反手則削出旋轉度非常大且檯面非常接近的球。絕大多數使用這種打法的球員都會選擇反手拍面為長顆粒膠皮有助削球；正手拍面為平面膠皮，以利發動上旋攻擊。

　　這種打法在職業水平的球員中仍是很受歡迎，但是它需要極大的體能，因此在地區性水平的比賽很少見；此外，要採用這種打法的球員比起其他打法風格的球員，需要花更多的時間在攻擊與防守的練習。

速度要件

> 手部速度 = 快
>
> 腳的速度 = 快
>
> 力量 = 大

傳統的優勢

- 擊球與旋轉上有很多變化會讓對手面臨很大的壓力。
- 優異的正手攻球與殺球。
- 第三板攻擊的絕對優勢。
- 很好的移動與體能。
- 強力的反手回擊使對手需消耗很大的能量才能執行連續的攻擊，這會迫使對手疲勞並發生失誤。

傳統的弱點

- 這種打法的的球員會變得沒有耐性並發生錯誤的攻擊。
- 當從削球轉換到上旋攻擊時步伐是個常見的問題。
- 處在壓力狀態下攻擊型削球球員的防守無法持久。
- 在壓力的情況下有太多的選擇反而造成不夠堅定。

中檯弧圈型球員

採用這種打法的球員喜歡站在距離球檯約3~8英尺（大約1~2.4公尺）的位置擊球，他們擅長強力的上旋長球，而且正手反手的力量都很平均。在與另一位攻擊型球員對戰時，中檯弧圈球打者正反兩手都會使用；在與防守型球員對戰時，他會移動腳步並使用較多的正手弧圈。

在剛換成40mm的大球時對於這種打法風格有很大的影響，因為大球會使球的旋轉度降低，而迫使這類打法的球員必須在發球上更精準更有力度才能取勝，曾經以運用每顆球的旋轉去擊敗對手的光景已成為過去。這種打法的球員現在的打法是強調在每顆球的旋轉再加上速度。現代的比賽，這種打法風格更具動力並有著更快的致勝弧圈球，這種打法經常為個頭較高的選手所喜歡的，因為體型與身高是這種打法的最大優勢。

速度要件

> 手部速度 = 中等
>
> 腳的速度 = 中等
>
> 力量 = 大

傳統的優勢

- 正反手的力量平均。
- 有非常大角度與強力的回擊來對抗下旋球。
- 在與對手進行上旋對拉很容易控制。
- 左右移動很敏捷。

傳統的弱點

- 這些球員經常缺乏致勝的殺球。
- 在前進與後退的移動上較弱。
- 對手能將球回成正手的短球。
- 當靠近檯面時反拉的球較弱。

凶狠弧圈型球員

凶狠弧圈型球員通常都是站在近檯的位置，並在球彈跳的最高點擊球以製造最大的力量與最快的速度。這是一種

以正手為主的打法風格，球員具備很強的爆發力與快速側身步伐由反手轉移到正手的攻擊。採用這類打法的球員都會以快速的上旋拉球試著在最短的時間內得分，他們通常都有非常優異的正手慢速弧圈與快速弧圈殺球。凶狠型弧圈打法者也能有大角的反手上旋，但通常都不是以反手得分。偶爾，這類打法的球員會向後退到中檯的距離，以正手反拉弧圈。凶狠型弧圈打法者有許多是世界比賽的冠軍，在各種水平中都能看到球員採用這種打法。

這種打法的球員在換成40mm的大球時適應狀況都很不錯，他們主要的適應調整就是發展出更強的前衝弧圈打法，並且是在很接近身體前方的位置起拍，這使得凶狠弧圈球前衝速度要比旋轉多。

速度要件

手部速度＝快
腳的速度＝快
力量＝大

傳統的優勢

- 快速的側身從反手位轉換到正手位。
- 非常強力正手上旋的致勝分。
- 同時具備正手慢弧圈與快速弧圈。
- 穩定且大角的反手上旋。
- 穩定的反手反攻。
- 比賽時間短。
- 極佳的發球與回擊發球。

傳統的弱點

- 對手的球可能會打在球員身體中心線的位置。

- 球或許會被回到較遠的正手位。
- 前進與後退移動較弱。
- 缺乏反手反拉上旋的致勝一擊。
- 慢速與較重度弧圈可能會被回到凶狠型弧圈打者的反手位。

全面攻擊型球員

在今天創新的桌球比賽中這是一種最新的打法，全面型攻擊球員通常具備非常好的手感，正反手的能力很均衡皆能執行各種攻擊性的擊球，在比賽時能隨時調整自己的打法去攻擊對手的弱點。

全面型的攻擊者不論在強力回擊或是簡單借用對手的力量將球回擊，都很順暢且均衡，這種打法的球員能在各種角度與任何距離打出多種的上旋攻擊。

速度要件

手部速度＝快
腳步速度＝中等到快
力量＝中等到高

傳統的優勢

- 從正手或反手先發動強力攻擊。
- 有能力去製造各類型的攻擊球。
- 有能力去控制球維持在高速狀態。
- 使用側旋去控制球並擴大對手必須防的範圍。
- 在領先時打得很好。

傳統的弱點

- 當同時使用多種技術時可能會混淆，特別是在落後時。
- 可能被誘導成打得較柔和攻擊力不足而無法得分。

• 經常缺乏一個可對應中等高度的致勝　　一擊（平殺球）。

技戰術訓練1.　選擇你的打法風格

這個練習將幫助你選出一個屬於自己對戰的打法風格，先回答下列問題：

1. 你常最得分的兩種擊球方法？
2. 你能整合的手部速度、腳步速度，以及力量（球的速度）是屬於哪種類型的打法？以慢、中等到快速、快速來評估自己的能力。
3. 你認識哪些人是使用本單元所介紹的幾種打法風格？利用本單元對於七種基礎打法的描述，找出與你對戰過的球員分別是屬於哪一類型的打法。如果你無法在自己的比賽範圍內找出個別打法的代表球員，試著從免費的網路影片中去找，並將各種打法列出一位代表性球員：

　　直板顆粒膠打法球員：＿＿＿＿＿

　　反攻型球員：＿＿＿＿＿

　　近檯防守型球員：＿＿＿＿＿

　　攻擊型削球球員：＿＿＿＿＿

　　中檯弧圈打法球員：＿＿＿＿＿

　　凶狠弧圈打法球員：＿＿＿＿＿

　　全面攻擊型球員：＿＿＿＿＿

在你回答這些問題後，你應該對自己最近的打法以及未來想發展的打法風格有些想法。記住，你自己的打法可能是結合其中兩種的基本打法，你的主要打法是你最常使用的，而次要打法則是在你需要結合技戰術時會使用的打法。列出你的打法：

　　我最擅長的一種打法是：＿＿＿＿

　　我的第二順位的打法是：＿＿＿＿

增加難度

• 請教你的陪練員或教練的觀點，他們認為最適合你能力的打法風格。

成效檢核

• 花一些時間去找到各種打法的代表球員，研究他們的優勢與弱點。
• 確定你所選擇的打法風格不僅符合自己的能力，並且是自己喜歡的。

成效計分
確認出你的主要打法 = 5 分
確認出你的次要打法 = 5 分
你的分數＿＿＿＿

基本技戰術

對於一般水平的球員而言，最難的技巧之一就是學會技戰術，這其中有許多原因。想要形成一個技戰術首先你須具備瞭解對手狀況的能力，這對於還不瞭解自己打法的人而言是困難的，它需要豐富的經驗才能瞭解須使用哪種方式去克制不同類型的打法。此外，由於技戰術本身的複雜度以及個別打法的特

殊性，目前有關技戰術的書面資料非常少。即便有上述的這些挑戰，一位球員如何開始去形成自己特有的技戰術？這裡仍有一個簡單的方法可嘗試。

一開始，你須瞭解得分的四種方式：使用力量、引誘對手入套的設計、運用特殊的技巧以及製造出時間壓力。

在每一分開始時，你應該很清楚自己要使用四種方式中的哪一種，你的主要得分還是在自己最擅長的打法；重要的是，在打每一分時你都很清楚自己的目的，並且很清楚自己目的有效與無效的打法。得分時絕對不要變換策略，但在失分時就必須改變策略。

力量的運用

對一個強力的擊球的最佳描述就是任一種能產生足夠速度以瓦解對手的防守的擊球。很重要的是必須清楚瞭解自己的擊球有機會得分，你同時也需知道對手回擊球的類型，接著去執行自己最佳的擊球。運用力量得分通常被認為是終極的技術，因為如果這是一記重擊球，很多時候對手無法觸及到球。

設計圈套

設計圈套得分是你運用速度、旋轉、高度，還有你的回擊落點變化迫使對手失誤。

這裡是一些可運用在對手的身上常見圈套的例子：

• 改變你回擊球的旋轉，先打一顆旋轉較輕的球，下一顆則打旋轉較重的球。

• 改變你上旋回擊球的高度。

• 先打一顆短的回擊球下一顆再打長的回擊球。

• 先打一板慢的回擊球，再打一板快的回擊球。

• 調動你的回擊位置從這一側角落再到另一側的角落。

• 攻擊對手執拍手肘的位置，如果你的對手是橫拍握法，接著在正手與反手之間轉換攻擊的落點。

對付使用一面拍面是長顆粒或是防弧膠皮的對手，運用旋轉很小或是無旋轉的發球與搓球給對手迫使其發生失誤；另外，回擊一個旋轉較小的高球也會讓對手很難去發動攻擊。

有許多比賽之所以獲勝，只是較少發生非迫性的失誤而非其他的技戰術。

使用特殊的技術

一個特殊的技術可以是任何的擊球，或是你的特殊打法是你的對手沒有機會看到的。這包括使用合併球拍（球拍兩面各用不同性質的膠皮）與特殊發球或是獨特的擊球，讓你的對手在回擊時有困難。

雖然不是所有的球員對自己的比賽都有一些特殊的技術，但持續發展一些對手不常看到的特殊打法一直是個好點子，你能有更多的調整方法便能迫使對手更容易出現失誤。

製造時間的壓力

要製造時間壓力，你必須在球彈離桌面後即擊球，迫使對手使用自己不甚舒適的加快節奏去回擊，這種技巧經常被近檯快攻的球員所使用。透過這樣的技戰術，你減少了對手需要準備自己擊球的時間，而這能迫使對手的回擊變得沒有質量甚至發生失誤。一般而言，這個技術如果要去對抗一面是長顆粒膠的拍面打法通常是無法奏效的，因為這種膠皮的特性會讓他們回擊的球速變慢。

當你開始瞭解你自己打法風格還有優點與缺點時，你就能開始去發展屬於自己比賽時的技戰術。請記住，每一個得分都從計畫開始。在初階水平的比賽你的對手可能會有明顯的弱點，果真如此，一旦發現，就利用這個機會持續你的技戰術直到對手能做調整為止；但當你參賽的水準逐漸提升時，你會注意到高水平的對手在比賽進行中能很快調整打法以對應你的技戰術，因此一場比賽下來你需要多次去調整自己的技戰術，讓這些優秀的球員不斷的去猜測你的下一個打法。

技戰術訓練2.　確認你的優勢

要準備好自己去參加比賽你得問自己要如何使用你最擅長的擊球去得分，利用力量、設計圈套、使用特殊技巧或是去製造時間的壓力，回答下列的問題能讓你整理出屬於你自己特有的技戰術：

1. 你有哪些有力量的打法？要注意哪種對手的回擊球是你喜歡運用強力擊球方式去對抗。
2. 你最喜歡設計給對手的四種圈套是？
3. 你有哪些獨特或特殊的技術？
4. 你能執行哪些擊球能使得對手處於時間壓力下？

增加難度

- 請你的陪練員或教練對每一個問題提供回饋。

成效檢核

- 如果可以，你自己與陪練員比賽訓練的狀況錄影，檢視自己的得分是否都是依你所列的方式贏得。

成效計分

確認自己的優勢 = 5 分

依據自己的優勢計畫並使用在比賽 = 5 分

你的分數＿＿＿＿＿

技戰術訓練3.　發展一個技戰術

這項訓練有助於你建立一個可對抗所有基本打法的簡單技戰術。記住，每位對手都是獨特的，你需要依對手的特點經常去調整你的技戰術，在單元十一

會教你如何在賽前去洞悉對手的特質。

開始去審視並回顧在技戰術訓練1與2中的問題，只需考慮自己的打法風格，列出在對抗每種打法時四種可以得分的方式，並將這些技戰術依重要性從1（最重要的）到4（較不重要的）排序。記住，你的回答必須依據自己會如何去對戰各種打法，你在這項練習中的回答能幫助你建立屬於自己對抗各種打法的技戰術。完成這項訓練後，請你的陪練員審閱你的答案並提供回饋。

1. 直板顆粒膠打法球員
2. 反攻型球員
3. 近檯防守型球員
4. 攻擊型削球球員
5. 中檯弧圈打法球員
6. 凶狠弧圈型球員
7. 全面攻擊型球員

增加難度

- 請你的教練或是對你比賽情況熟悉且有許多比賽經驗的球員審閱你的回答並提供回饋。

成效檢核

- 確定對於每種打法你都有對應的方法。
- 將所擬定的技戰術與你的陪練員練習。
- 當你的技術更成熟時須更新與改變你的策略。

成效計分

針對七種打法風格都能發展出一個對應的技戰術 = 10 分

你的分數_____

瞭解打法與技戰術的成效摘要

學習在真實的桌球賽中建立並成功地去執行比賽的策略，具備瞭解對手打法並執行獲勝策略的能力需要非常多的比賽經驗。考慮以錄影方式記錄自己的比賽，有助於你分析你自己與對手的比賽風格與技戰術。

加總你的分數。要讓自己準備好向第九單元邁進，除了完成這些訓練並請教你的教練或是有經驗的球員檢視你的回答，在你進入第九單元之前，利用他們的回饋讓自己的計畫更完整。

技戰術訓練
1. 選擇你的打法風格	____/10
2. 確認你的優勢	____/10
3. 發展一個技戰術	____/10
總分	____/30

球員必須精熟所有的基礎打法，在單元九會介紹更多進階的打法，你可以從中去選擇要作為自己個人風格的打法。

單元九　中階水準的擊球

這個單元會介紹一些進階的擊球技巧，你不需學會所有的技巧；相對的，你必須選擇幾項可以幫助建立自己打法風格的技巧。

進階推擋的運用

「*推擋*」的意思係指非常短暫的擊球，用簡單的點擊阻擋攻擊將球回給對手，利用對手的速度與旋轉再回給他。

在一些高水平的比賽時，基本的反手推擋不常使用或完全未使用，因為它的強度不足以去阻礙對手得分；正手推擋也甚至更少使用，因為對進階球員而言他們會對任何到正手位置的球發動攻擊，因此，本單元只對反手的推擋變化加以闡述。此外，有很多破壞性的反手推擋效果很好，不同打法風格的球員學會其中的變化後都能從中獲得益處，你能在後文檢視推擋的變化並選擇至少一項來學習。

推上旋

推上旋在用來對抗對手中等速度的上旋來球效果最好，要執行這種推擋，需利用你小手臂的擺動將球拍往上刷球以製造出最快速度的上旋推擋。這是一個縮小版的完全反手推上旋，因它只用到小手臂與手腕瞬間發力增加一些旋轉在推擋上，這種打法可運用在橫拍（圖9.1）與直拍（圖9.2）的打法上。雖然，這種打法通常是以傳統的直拍反手居多，但是新的直拍橫打能打出更好的效果。

推上旋的三個基本要件

如何觸擊球 = 以摩擦方式觸球

何時觸球 = 在球的上升期

觸球的部位 = 向著球的上方

從預備姿勢移動至能使球在你反手三角形中心位置，如單元二中所述的（第19頁）。向後引拍的距離很短，將球拍向著身體方向帶到約與球檯的端線平行的位置，球拍面角度略向前壓。

因為你不是要製造球的力量，這種擊球方式，執拍手那側的腳會站得比另一隻腳略後。將小手臂向前推將球拍帶向球並在球的上升期觸擊，在觸擊的瞬間小手臂向前帶手腕向上轉在回擊球上加入更多的摩擦。運用小幅跟上完成動作，並隨即回復到預備姿勢。

圖9.1　橫拍握法的上旋推擋

引拍
1. 移動身體好讓球在反手三角形的中心點
2. 將球拍向後帶到與球檯端線平行的位置
3. 擊球拍面向前傾

(a)

觸擊
1. 在球的上升期觸擊
2. 在球的正面中心的上方擊球
3. 手腕向上轉以製造摩擦

(b)

跟上完成
1. 小手臂輕輕地向前帶
2. 結束手腕轉向上意味著上旋的應用
3. 放鬆執拍手並回復到預備位置

(c)

圖9.2　直拍橫打法的推上旋的觸擊

加力推

　　加力推（圖9.3）是對抗慢速但上旋很重來球的最佳方式，這種擊球方式對橫拍與直拍握法或直拍橫打的球員效果都很好。這種打法一開始與你在執行基礎的推擋一樣，在觸擊時快速地將手肘向前伸並讓手腕瞬間向前發力增加球的力量，這能製造出快速而旋轉很小的平直回擊球，對手很難再用上旋回擊。加力推在對抗對手大角上旋擊球效果極佳，通常都能阻斷攻擊。

加力推的三個要件

　　如何觸擊球 = 帶著向下的最大力量觸擊球

　　何時觸球 = 在球彈跳的最高點

　　觸球的部位 = 向著球的頂部

　　從預備姿勢移動到如單元二所述（第19頁）能讓球在反手三角形中心的位置，運用小幅引拍將球拍往身體方向帶到約與球檯端線平行的位置，擊球拍面角度收合。這種擊球方式，通常執拍手那側的腳站的位置要比另一側的腳較後。將你的執拍手臂向前揮將球拍帶向球，並在球的上升期觸擊；觸擊時，小手臂快速向前伸而手腕則在同時瞬間向前發力去撞擊球，球拍需觸擊球正面上方的位置，對球增加向前與向下的力量。不論你是使用橫拍或是直拍握法，執行這種打法幾乎是一模一樣，但是如果你是傳統的直拍握法，觸擊時手腕的力量可以小一點，而小手臂向前的力道可以再猛一些。使用小的跟上完成動作，並回復到預備姿勢。

錯誤方式

推上旋時，你沒有產生足夠的上旋在回擊球上。

修正方法

觸擊球時使用更多手腕的力量去增加球拍的加速。

圖9.3 橫拍握法的加力推

開始的姿勢

1. 移動身體讓球位於反手三角形的中心位置
2. 將球拍帶到與球檯端線平行的位置
3. 擊球拍面向前傾

(a)

觸擊

1. 在球的上升期觸擊
2. 球拍要觸擊球正面中心上方的位置
3. 小手臂向前推觸擊
4. 手腕向前向下瞬間發力

(b)

跟上完成

1. 小手臂輕輕的向前帶
2. 手腕向前向下意味著回球是旋轉很小的平推回擊球
3. 放鬆執拍手臂回復到預備姿勢

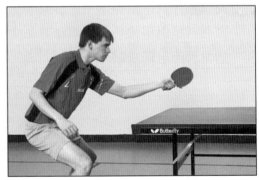

(c)

錯誤方式
在加力推時，推球過長。

修正方法
在觸擊球時，需同時向前向下推。

桌球
邁向卓越

推側旋

推側旋是經常用來對抗強力上旋攻擊的安全回擊的一種方法，在你推擋回擊中加入一些側旋會使回擊球落桌彈起後向側面衝出，這類的側轉路徑經常迫使對手發生失誤。在推擋中加入一些側旋能使你的回擊球出現彎曲的行進路徑而非直線，因為彎曲比直線的路徑較長，讓你有較大的機會可以打在球檯上，這使得在面臨強力的上旋攻擊時，相較於其他類型的推擋推側旋成為一種較安全的回擊。雖然任何一種執拍方式都能執行推側旋，但是橫拍握法與直拍橫打者通常會覺得推右側旋（圖9.4）較容易執行，而使用傳統直拍握法的球員較常推左側旋。

推側旋的三個要件

如何觸擊球 = 混合摩擦與撞擊力量

何時觸球 = 在球的上升期

觸球的部位 = 在左側或右側對著球的上方擊球

從預備姿勢移動到單元二所述（第19頁）讓球位於反手三角形中心的位置，用一個短的引拍將球拍帶向身體的方向約與球檯端線平行的位置，擊球拍面向前傾。通常右手執拍的球員在執行這個擊球時，右腳站的位置比左腳略為後面。將你的小手臂往前推將球拍帶向球，並在球的上升期觸擊；觸擊時，小手臂需快速的向你的右側揮動，在球正面中心點的上方觸球後滑向右側，如果你想有更多的側旋則摩擦就需多一些，最後球拍會停在身體的右側。如要推左側旋就需觸擊球的左側（圖9.5），球拍應在身體的左側。運用小幅跟上完成動作隨即回復到預備姿勢。

圖9.4　橫拍握法推右側旋

開始的姿勢

1. 移動身體讓球位於反手三角形中心的位置
2. 將球拍帶到約與球檯端線平行的位置
3. 擊球拍面向前壓

(a)

圖9.4　橫拍握法推右側旋（續）

觸擊

1. 小手臂往前推將球拍帶向球

2. 在球正面中心點上方觸球後向球的右側
   滑去

3. 手腕瞬間發力轉向右側製造右側旋

4. 球拍的拍頭朝上

(b)

跟上完成

1. 小手臂輕輕向前帶

2. 球拍結束的位置是在身體的右側

3. 放鬆執拍手臂隨即回復到預備姿勢

(c)

圖9.5　使用傳統直拍握法的推左側旋

 錯誤方式

你的側旋球沒有側旋轉。

修正方法

推右旋要有右側旋轉一定要讓球
拍觸擊球的左側並向右滑，而且
小手臂也是由左向右擺動。

切擋

切的變化（圖9.6）用在回擊給對
手的球變慢，在使用長顆粒或是抗弧膠
皮時這類的回擊能製造出下旋很強的
球；如果是使用平面的膠皮，採取這種
打法主要的目的是改變回擊球的速度。
這是近檯防守球員最主要的打法，不論
是直拍握法或是橫拍握法都能使用。

執行這種打法時球拍角度需微微向前壓，觸擊到球時利用手腕的力量將球拍往下帶，球拍前的動作很小或沒有向前的動作。

切球的三個基本要件

如何觸擊球 = 觸球以摩擦觸擊

何時觸球 = 球的上升期

觸球的部位 = 球拍向下帶觸擊球正面中心的上方

從預備姿勢移動到如單元二所述（第19頁）使球位於反手三角形中心的位置，這類的擊球幾乎都是下旋球。自球拍在球的上方擊球拍面角度約略向前開始，通常這類打法右腳位置會比左腳後面（右手執拍者），在球一彈離桌面即觸擊，小手臂和手腕很快向下（不是向前）動作，球拍以摩擦觸擊球正面中心的上方位置，球拍結束的動作是在身體前面下方的位置，運用小幅的跟上完成動作隨即回復到預備姿勢。

球拍觸擊球的角度是取決於所使用的膠皮，使用長顆粒與防弧膠皮的球拍觸擊球時，拍面可以垂直或向後略仰；使用平面膠皮的球拍觸擊時，擊球拍面角度則需略微向前傾。

圖9.6 橫拍握法的切擋

小幅引拍

1. 移動身體使球位於反手三角形中心的位置
2. 在球將彈起的位置擊球拍面角度向前
3. 擊球拍面角度微微向前略高於球的位置

(a)

觸擊

1. 小手臂往前下方伸將球拍帶向球
2. 球拍觸擊球正面中心的上方
3. 球拍向下移動去迎球
4. 手腕往下轉執行摩擦觸擊以製造下旋

(b)

跟上完成

1. 小手臂往下而非向前
2. 手腕向下瞬間發力去製造下旋轉
3. 球拍結束在身體前方低的位置
4. 放鬆執拍手臂隨即復原到預備姿勢

(c)

錯誤方式

你的切擋球回擊過長。

修正方法

調整擊球拍面的角度再收合一點，並讓手腕向下移動去觸擊。

中階擊球訓練1. 運用反手反攻與推上旋交替回擊

請你的陪練員從他的反手位餵給你20顆中等強度的上旋球到你的反手位，每顆球都使用反手反攻（第一檔——慢速）與推上旋交替回擊。

增加難度

• 請你的陪練員改變，在反手位置以正手上旋餵球給你。

成效檢核

• 在球的上升期觸擊。

• 在高於球正面中心的位置觸擊。

• 維持短的觸擊，運用手腕去製造與增加回擊的上旋。

成效計分
17~20顆成功的推擋 = 10分
13~16顆成功的推擋 = 5分
9~12顆成功的推擋 = 1分
你的分數_____

中階擊球訓練2. 運用反手反攻與加力推交替回擊

請你的陪練員從他的反手位餵給你20顆中等強度的上旋球到你的反手位，每顆球都使用反手反攻（第一檔——慢速）與加力推交替回擊。如果你的陪練員無法回擊你加力的推球，他可以使用多球訓練的方式餵球。

增加難度

• 請你的陪練員改變，在反手位置以正手上旋球餵球給你。

成效檢核

• 在球的上升期觸擊。

• 在高於球正面中心的位置觸擊。

• 維持短的觸擊，運用手腕向前向下發力製造回擊的速度。

• 用撞擊的力量。

成效計分
17~20顆成功的推擋 = 10分
13~16顆成功的推擋 = 5分
9~12顆成功的推擋 = 1分
你的分數_____

桌球

邁向卓越

中階擊球訓練3. 運用反手反攻與推側旋交替回擊

請你的陪練員從他的反手位餵給你20顆強力上旋球到你的反手位，每顆球都運用反手反攻（第一檔——慢速）與推側旋交替回擊，你可使用右側旋或左側旋。如果你的陪練員無法回擊你推的側旋球，他可以使用多球訓練的方式餵球。

增加難度

• 請你的陪練員改變，在他的反手位以正手上旋餵球給你。

成效檢核

• 在球的上升期觸擊。

• 在高於球正面中心右側（右側旋）或左側（左側旋）的位置觸擊。

• 維持短的觸擊。

• 球拍結束的位置是在身體的右側（推右側旋）或者在身體的左側（推左側旋）。

成效計分
17~20顆成功的推擋 = 10分
13~16顆成功的推擋 = 5分
9~12顆成功的推擋 = 1分
你的分數＿＿＿

中階擊球訓練4. 運用反手反攻與切擋交替回擊

請你的陪練員從他的反手位餵給你20顆中等速度上旋球到你的反手位，每顆球都運用反手反攻（第一檔——慢速）與切擋交替回擊。如果你的陪練員無法回擊你的切球，他可以使用多球訓練的方式餵球。

增加難度

• 請你的陪練員改變，在他的反手位以正手上旋餵球給你。

成效檢核

• 在球的上升期觸擊。

• 擊球拍面略向前壓在高於球正面中心的位置觸擊，球拍往下移動而非向前。

• 維持短的觸擊。

• 觸擊時手腕瞬間向下發力，向下掃過球以製造下旋。

成效計分
17~20顆成功的推擋 = 10分
13~16顆成功的推擋 = 5分
9~12顆成功的推擋 = 1分
你的分數＿＿＿

將側旋加進上旋擊球

中階球員經常會將側旋加入到上旋的擊球中，以製造對手需要防守更大範圍。要製造出這些側上旋的回擊，在擊球時，你的球拍往上移動要製造上旋的同時，必須有更多向著外角或向內角的移動；也就是說，你的球拍不是正面的直接擊球，而是會沿著球的周圍摩擦。因為這種擊球方式會有較多的失誤，所以只有在想做擊球的變化時使用，不要以它作為你的主要打法。雖然你可以增加一些左側旋或右側旋至上旋球擊球中，通常增加右側旋的情況較多，而且對於右手執拍的球員而言也較容易學會；運用左側上旋的回擊需要在回擊方法上做很大的調整，這也是左側上旋較不普及的原因。

正手側上旋

右手執拍的球員在被迫需要防守正手的大角度範圍時通常都會使用這種擊球方式，並將做大角回擊球給對手，側旋轉會讓球行進範圍變大，迫使對手退出近檯的範圍。

當左手執拍的球員執行這種打法時，通常會帶出左側旋，球的弧線向右側行進，且在觸及對手球檯後會快速的彈起向右側衝出。

正手側上旋的三個基本要件

如何觸擊球 ＝ 摩擦觸擊

何時觸球 ＝ 在球彈跳的最高點或是球的下降期

觸球的部位 ＝ 對抗上旋，在球右側與高於中心的位置；對抗下旋，在球的右側與低於中心的位置

要開始正手的側上旋球與你平常在打正手上旋一樣，只是在引拍的時候，球拍的位置需要往身體後方拉開而非直接將球拍放在身體後方，這會讓你將球拍向右擺動掃過球（如果你是右手執拍者）的右側，也是球距離你較遠的那側。你可以在一般的上旋中再增加一些側旋，這會讓球弧線往左彎，並在觸及對手球檯後快速地彈起向左側衝出。

錯誤方式
你的擊球未帶有側旋。

修正方法
確定你的球拍是觸擊球的右側。

錯誤方式
你的回擊球過長。

修正方法
注意要往上摩擦球製造上旋，你只要稍微摩擦到球的側面增加些微的側旋，如果增加過多的側旋，你會失去要讓球落在球檯上所需的上旋力量。

反手側上旋

右手執拍的球員，這類擊球方式能在一般預備姿勢與腳步的情況下回擊出直線球。因為你的身體正好是在手臂擺動的範圍內，所以你無法像正手一樣發出一樣大的側旋。

當左手執拍者執行這種擊球（圖9.7）時，這種打法會帶出左側旋，還有向右的弧線與落桌後向右彈走的路徑。

反手側上旋的三個基本要件

如何觸擊球＝摩擦觸擊

何時觸球＝在球彈跳的最高點以製造最大的力量或在球的下降期以製造最大的旋轉

觸球的部位＝對抗上旋球時，在球的正面高於中心的位置觸擊球的右側；對抗下旋球時，在球的正面中心下方的位置觸擊球的右側

帶有側旋的反手上旋擊球與一般反手上旋球類似，主要的差異是在引拍的部分，你將球向後引到髖部的左側位置，這能讓你擺動球拍更向右揮去觸擊球（如果你是右手執拍者）的右側，此時球拍同時向上移動製造上旋。要完成這個擊球，你的手腕在觸擊球時要先向內彎向著自己，這會讓球的弧線向左側方向行進，並在觸及對手球檯後向左側衝出。

圖9.7 左手執拍者的反手側上旋

引拍
1. 屈膝將重心轉移到右腳
2. 將球拍往下帶到髖部高度右側的位置
3. 擊球拍面向前壓
4. 手腕轉向身體方向

(a)

圖9.7　左手執拍者的反手側上旋（續）

觸擊

1. 將重心由左腳轉到右腳
2. 球拍向前往上再往左帶
3. 在反手三角形的中心觸擊球
4. 擊球拍面角度向前傾
5. 在球正面中心上方左側的位置觸擊
6. 球拍由右向左擺動
7. 小手臂與手腕瞬間發力以製造最大的球拍加速

(b)

跟上完成

1. 手臂以手肘為支點持續轉動，球拍結束的位置在身體左側與肩同高的位置
2. 手腕結束的位置是向上的
3. 球拍拍面是向前傾
4. 放鬆執拍手隨即回復到預備姿勢

(c)

錯誤方式

你在回擊對手給你的側上旋球有困難。

修正方法

一個側上旋球在落到你這側的球檯後會快速的向側面衝，要回擊這樣的來球，鎖定的目標不是球將觸及檯面的位置而是球的弧線，鎖定你要觸擊球的行進路徑。

中階訓練5.　正手右側上旋對抗上旋回擊

請你的陪練員餵30顆穩定的對角上旋球到你的正手位，前兩顆球使用一般的正手上旋去回擊，自第三顆球的回擊開始加入一些右側旋，如果你正確的執行擊球（右手執拍者），球在觸及對手球檯後應會加速向左側彈開。重複這個模式直到你可以成功加入右側旋到你的上旋中10次。

增加難度

• 請你的陪練員增加回擊的上旋。

- 請你的陪練員增加回擊的速度。

降低難度
- 請你的陪練員降低回擊的上旋。
- 請你的陪練員減少回擊的速度。

成效檢核
- 確定你的正手上旋的引拍位置必須在身體的後方。
- 請你的陪練員對於你的側旋回擊旋轉的力量提供回饋。

中階擊球訓練6. 正手右側上旋對抗下旋回擊

請你的陪練員使用多球技術餵30顆下旋球到你的正手位，前兩顆球使用一般的正手上旋去回擊，自第三顆球的回擊開始加入一些右側旋。如果你正確的執行（右手執拍者）擊球，球在觸及球檯後應會加速向左側彈開。重複這個模式直到你可以加入右側旋到你的上旋中10次。

增加難度
- 請你的陪練員增加回擊的下旋。

降低難度
- 請你的陪練員降低回擊的下旋。

成效檢核
- 在球的下降期觸擊以製造最大的旋轉。
- 加入右側旋時，你的引拍要再多些到身體的後面好讓你可擺動掃球。
- 確定你的球拍觸擊球正面低於中心右側的位置。

中階擊球訓練7. 反手右側上旋對抗上旋回擊

請你的陪練員使用多球技術餵30顆中等速度的上旋球到你的反手位，前兩顆球執行反手對角上旋，接下來的回擊開始加入一些右側旋到你的反手上旋回擊。如果你正確執行擊球，在只需略將左腳移向前不需變換腳步的情況下便可回擊直線球。重複這個模式直到你可以成功加入右側旋到你的上旋中10次。

增加難度

- 請你的陪練員增加回擊的上旋度。
- 請你的陪練員增加回擊的速度。

降低難度

- 請你的陪練員降低回擊的上旋。
- 請你的陪練員減少回擊的速度。

成效檢核

- 當你增加上旋時，你的引拍須向身體左側再多轉一些。
- 當你加入右側旋時，球在觸及對手球檯後會向左側跳。
- 球拍應該觸擊球正面中心的上方右側的位置。
- 請你的陪練員對於你的側旋球的強度提供回饋。

9~10顆成功地執行反手右側上旋回擊 = 10分

7~8顆成功地執行反手右側上旋回擊 = 5分

5~6顆成功地執行反手右側上旋回擊 = 1分

你的分數_____

中等擊球訓練8. 反手右側上旋對抗下旋回擊

請你的陪練員運用多球訓練方法餵30顆下旋球到你的反手，前兩顆球用反手上旋回擊到對角，第三顆球以反手右側上旋回擊直線球。重複這樣的套路練習，直到你能完成10次成功的增加右側旋到反手的上旋球中。

增加難度

- 請陪練員增加餵球的下旋強度。

降低難度

- 請陪練員減少餵球的下旋強度。

成效檢核

- 在球的下降期觸擊以製造最大的旋轉。
- 當增加右側旋時，向後的引拍還須再轉向身體的左側。
- 當你增加右側旋時，球在落桌後應該要向左側衝出。
- 請陪練員針對你所製造的側旋提供回饋。

成效計分

9~10顆成功反手右側上旋的回擊 = 10分

7~8顆成功反手右側上旋的回擊 = 5分

5~6顆成功反手右側上旋的回擊 = 1分

你的分數_____

防守擊球的打法

防守的擊球方式通常是被運用在距球檯較遠的位置，削球型的球員運用削

桌球
邁向卓越

的擊球方式試著迫使對手犯下簡單失誤或是回擊沒有質量的球，好讓自己能發動攻擊而得分。當你使用削來對抗上旋球時，你會增加旋轉，所以可能會出現高度非常高的旋轉回擊。以削球回擊時球的高度應該很低且落點是在對手球檯很深的位置。

削球的三個基本要件

如何觸擊球 = 使用最大的摩擦

何時觸球 = 在球的下降期

觸球的部位 = 朝著球正面的底部

當被迫採取防守的位置時，攻擊的球員通常會使用高的上旋球做回擊，或是放高球去爭取一些時間讓自己進入到可以反攻的位置。要達到效果，放高球的回擊需要帶較多的上旋並且落在球檯較深的位置，主要就是要將攻擊者逼退至距球檯較遠的位置，並製造一個可發動反攻的空間。上旋攻擊者在被逼到防守的位置時，偶爾會使用削的擊球方式。

放高球的三個基本要件

如何去觸擊 = 使用最大的摩擦

何時觸球 = 在球的下降期

觸球的部位 = 球中心的上方

反手削對抗上旋

以反手削去對抗上旋（圖9.8），須從一個中立的預備姿勢，將你的左腳往後推並將你的肩膀和臀部向左轉動，身體是側身且面對你的左側（右手執拍者）。當你的左腳往後移時，彎曲手肘並將手腕往上方打直，好讓球拍位於肩膀的高度，拍頭朝上。接著小手臂往下移動並向前推，使球拍在球的下降期觸擊，確認觸擊球的底部。觸擊到球時，手腕瞬間發力去增加球拍的加速，以製造出一個很重下旋轉的回擊。朝著你的目標跟上完成，將你的身體與球拍還原到預備的姿勢，從開始到結束擊球有一畫圓的感覺。

經過練習，你能學會去變化手腕的運用並在觸擊球時改變下旋的旋轉度。

圖9.8 反手削

引拍

1. 左腳往後跨一大步
2. 將肩膀與臀部向左轉動
3. 將重心放在左腳
4. 將球拍帶到肩膀的高度
5. 拍頭向上
6. 彎曲手肘

(a)

圖9.8　反手削（續）

(b)

(c)

觸擊

1. 開始將重心由後腳轉移到前腳
2. 將小手臂向下移動去觸擊球的底部
3. 觸擊球時手腕瞬間發力提升球拍加
　 速以增加下旋的強度

跟上完成

1. 球拍持續往目標行進
2. 手腕由上往下瞬間發力
3. 回復到預備姿勢

　錯誤方式

你的削球缺乏下旋轉。

修正方法

在開始預備擊球時確認你的手腕向上打直，在觸擊到球時手腕往下瞬間發力。

　錯誤方式

你發現當球仍在上升時在中檯的距離削球很困難。

修正方法

將引拍的高度提高到頭部的高度，往下揮動的擺幅再多一些。

正手削對抗上旋

　　以正手削去對抗上旋（圖9.9），須從一個中立的預備姿勢，將你的右腳往後推並將你的肩膀和臀部向右轉動，身體是側身且面對你的右側（右手執拍者）；同時彎曲手肘並將手腕往上打直，好讓球拍位於肩膀的高度，拍頭朝上。

　　正手削的動作機制與反手削相同，小手臂往下移動並往前送在球的下降期去擊球，確定是觸擊球的底部。觸擊到球時，手腕往下瞬間發力增加球拍的加速，以製造出一個很重的下旋球。朝著目標跟上完成並回復到預備姿勢，從開始到結束擊球有一畫圓的感覺。

圖9.9　正手削

引拍
1. 右腳向後退一大步
2. 肩膀與臀部轉向右側
3. 將重心放在後腳
4. 將球拍帶到與肩膀的高度
5. 拍頭向上
6. 手肘彎曲

(a)

觸擊
1. 開始將中心由後腳轉向前腳
2. 將小手臂往下帶去觸擊球的底部
3. 手腕瞬間發力增加球拍的加速並增加球
　　下旋的轉度

(b)

跟上完成
1. 球拍往目標持續揮去
2. 手腕由上往下全力的發力
3. 回復到預備姿勢

(c)

單元九　中階水準的擊球

錯誤方式

對抗重度上旋的回擊球過長。

修正方法

在觸擊球時往下的力量更多一些。

錯誤方式

回擊球下網。

修正方法

跟上完成時往目標的方向要更向前一些。

放高球對抗快速上旋與扣殺

要執行正手放高球（圖9.10）須從球檯後方預備，從正手上旋的姿勢開始，非執拍手那側的腳向前跨，將你的身體轉向右（右手執拍）或左（左手執拍），將執拍手那一側的肩膀放低，你的手肘是在伸展狀態，而球拍大約是在膝蓋的高度。將你的小手臂往上揮讓球拍在腰部的高度擊球，手臂的擺動大多數是往上並用球拍刷球以製造出球的上旋。結束時球拍是停在與頭同高的位置。要更有效，放高球必須在對手球檯靠近端線的位置並且有重度的上旋，在觸及球檯後球會往前彈跳；你也可以增加一些側旋去調動對手退離球檯。

| 圖9.10 | 正手放高球 |

引拍

1. 在球檯後較遠的位置
2. 正手上旋的姿勢開始
3. 重心在後腿
4. 轉動你的身體將執拍手那側的肩膀放低
5. 球拍放在與膝同高的位置，球拍拍頭朝下

(a)

圖9.10 正手放高球（續）

(b)

(c)

觸擊

1. 開始將重心放到前腳

2. 轉動肩膀

3. 球拍往上帶到腰部的高度擊球

4. 在球正面中心的上方擊球，摩擦觸擊以
   製造球上旋

5. 在觸擊時，小手臂與手腕瞬間發力向上
   向前以增加旋轉

跟上完成

1. 將所有的重心完全轉移到前腳

2. 結束時球拍是在與頭同高的位置而且拍
   頭朝上

錯誤方法

回擊球沒有上旋轉。

修正方法

確定是在球的下降期觸擊，並且手腕向上轉動去擊球。

反手放高球對抗快速上旋與扣殺

要執行反手放高球（圖9.11）須從球檯後方開始，從非執拍手那側的腳在斜後方的側身站位的姿勢開始，將你的身體轉向左（右手執拍）或右（左手執拍），將執拍手那一側的肩膀放低，你的手肘伸展，球拍大約是在膝蓋的高度。將你的小手臂往上揮讓球拍在腰部

的高度擊球，手臂的擺動大多數是往上並用球拍刷球以製造出球的上旋。結束時球拍是停在與頭同高的位置。再次提醒，如要更有效的回擊，放高球必須在對手球檯靠近端線的位置並且有重度的上旋，你也可以增加一些側旋去調動對手退離球檯。

圖9.11　反手放高球

引拍

1. 站在距球檯後方較遠的位置
2. 反手上旋的姿勢，執拍手那側的腳向前跨
3. 重心放在後腳
4. 轉動你的上半身將執拍手那一側的肩膀放低
5. 球拍放在膝蓋高度的位置拍頭向下

(a)

觸擊

1. 開始將重心轉移到前腳
2. 轉動肩膀
3. 將球拍帶到腰的高度擊球
4. 球拍觸擊球正面中心的上方，確定以摩擦觸擊製造上旋
5. 在觸擊時，小手臂與手腕向上瞬間發力

(b)

跟上完成

1. 將重心全部轉移到前腳
2. 球拍結束時應該在頭的高度球拍須向上

(c)

錯誤方式

你對自己的回擊缺乏控制。

修正方法

確定你的身體側面向著球可以全力擊球。

中階擊球訓練9. 反手削對抗上旋

　　請你的陪練員運用單元一介紹的多球技術（第9頁）餵20顆上旋球到你的反手位，從中遠檯的距離以反手削回擊所有的球，試著將前10顆球回到對角的位置，接下來的10顆則是以直線回擊。

增加難度

• 請你的陪練員增加每顆餵球的旋轉。
• 請你的陪練員增加每顆餵球的速度。

降低難度

• 請你的陪練員降低每顆餵球的旋轉。
• 請你的陪練員降低每顆餵球的速度。

成效檢核

• 在向後引拍時確定你的手腕和球拍向上。
• 在球的下降期觸擊球的底部。
• 向前往你的目標跟上完成。
• 回復到中立的預備姿勢。

成效計分
17~20顆成功的反手削 = 10分
13~16顆成功的反手削 = 5分
9~12顆成功的反手削 = 1分
你的分數_____

中階擊球訓練 10. 正手削對抗上旋

　　請你的陪練員運用單元一介紹的多球技術（第9頁）餵20顆上旋球到你的正手位，從中遠檯的距離以正手削回擊所有的球，試著將前10顆球回到對角的位置，接下來的10顆則是以直線回擊。

增加難度

• 請你的陪練員增加每顆球的旋轉。
• 請你的陪練員增加每顆球的速度。

降低難度

• 請你的陪練員降低每顆餵球的旋轉。
• 請你的陪練員降低每顆餵球的速度。

成效檢核

• 在向後引拍時確定你的手腕和球拍向上。
• 在球的下降期觸擊球的底部。
• 向前往你的目標跟上完成。
• 回復到中立的預備姿勢。

成效計分
17~20顆成功的正手削 = 10分
13~16顆成功的正手削 = 5分
9~12顆成功的正手削 = 1分
你的分數_____

單元九　中階水準的擊球

中階擊球訓練11. 混合反手與正手削對抗上旋

請你的陪練員運用多球技術餵20顆強力上旋球，先送一顆到你的反手再送一顆到正手位交替餵球，以反手削回擊第一顆球再以正手削回擊第二顆球，依此交替回擊，所有球都回到對角。

增加難度
- 請你的陪練員增加每顆球的旋轉。
- 請你的陪練員增加每顆球的速度。

降低難度
- 請你的陪練員降低每顆餵球的旋轉。
- 請你的陪練員降低每顆餵球的速度。

成效檢核
- 反手與正手削球向後引拍時確定你的手腕和球拍向上。
- 在球的下降期觸擊球的底部。
- 向前往你的目標跟上完成。
- 回復到中立的預備姿勢。

成效計分
17~20顆成功的削球＝10分

13~16顆成功的削球＝5分

9~12顆成功的削球＝1分

你的分數＿＿＿＿＿

中階擊球訓練12. 地板球練習正手放高球

你可以自己進行這項訓練。在距球檯後方較遠的位置，以非執拍手約與肩同高的高度將球往下擲，運用正手放高球將球打高送到對手球檯接近端線的位置，儘可能製造最大的上旋，注意你的回擊的落點以及彈離球檯後的情況。練習10顆正手放高球。

增加難度
- 在你的回擊中增加側旋。

成效檢核
- 球拍放在膝蓋的高度從正手上旋球的擊球的位置開始。
- 你的右肩要放得比左肩低。
- 觸擊球時，你的小手臂與手腕往上刷球以製造最大的旋轉。
- 你的放高球應該高飛過網並落在對手球檯靠近端線的位置。

成效計分
9~10顆成功地正手放高球＝10分

7~8顆成功地正手放高球＝5分

5~6顆成功地正手放高球＝1分

你的分數＿＿＿＿＿

中階擊球訓練13. 正手放高球對抗扣殺

請你的陪練員餵10顆正手扣殺球到你的正手位，你以正手放高球將所有回擊打得高且深到陪練員的球檯，試著將上旋增加到最大。

增加難度
- 請陪練員增加扣殺的速度。

降低難度
- 請陪練員使用多球技巧餵球。

成效檢核

- 在正手上旋的位置將你的身體轉向球。
- 你的右肩應放得較左肩低。
- 試著在球往下降約在腰部的高度處擊球。
- 小手臂與手腕瞬間發力去擊球以製造最大的旋轉。
- 跟上完成球拍停在頭的高度。
- 回復到中立的預備姿勢。

中階擊球訓練14.　地板球練習反手放高球

你可以自己進行這項訓練。在距球檯後方較遠的位置，以非執拍手約與肩同高的高度將球往下擲，運用反手放高球將球打高送到對手球檯接近端線的位置，儘可能製造最大的上旋，注意你的回擊的落點以及彈離球檯後的情況。練習10顆反手放高球。

增加難度

- 增加你回擊的側旋。

成效檢核

- 球拍放在膝蓋的高度從反手上旋球的擊球的位置開始。
- 你的右肩應放得較左肩低。
- 擊球時，你的小手臂與手腕往上刷球製造最大的上旋。
- 你放高球應該高飛過網並落在對手球檯靠近端線的位置。

中階擊球訓練15.　反手放高球對抗扣殺

請你的陪練餵10顆扣殺球到你的反手位，運用反手放高球回擊，將每顆球回擊到對手球檯須高且深，試著盡可能在回擊上增加最多的上旋。

增加難度

- 請你的陪練員增加扣殺的速度。

降低難度

- 請陪練員使用多球技術餵球。

成效檢核

- 在反手上旋的位置將你的身體轉向球。
- 你的右肩應放得較左肩低。
- 試著在球往下降約在腰部的高度處擊球。
- 小手臂與手腕瞬間發力去擊球以製造最大的旋轉。
- 跟上完成球拍停在頭的高度。

7~8顆成功的反手放高球 = 5分

5~6顆成功的反手放高球 = 1分

你的分數_____

使用正手扣殺或殺球

每位球員都須能執行得分的正手扣殺對抗對手的高球，特別是當球的彈跳高於肩膀時，球在這樣的高度要打出上旋非常困難。儘管凶狠型弧圈與攻擊型削球的球員常會使用正手上旋作為致勝擊球，而反攻型、近檯防守與全面性攻擊型的球員則更常以扣殺作為致勝擊球。

雖然拉球與扣殺的基本機制是相同的，但是扣殺需要更長的跟上完成時間，還有身體重心由後腳到前腳的完全轉移。

正手扣殺的三個基本要件

如何觸擊球 = 使用最大的力量擊球；對抗上旋，需加力向前並向下；對抗下旋，則須使用向前向上的力量

何時觸球 = 在球彈跳的最高點

觸球的部位 = 對抗下旋時必須在球正面中心的下方；對抗上旋時則須在球正面中心的上方

要增加扣殺的速度，你必須在球拍觸擊球時提高球拍的加速，因為球在球拍停留的時間很短，球拍的加速具有爆發性。許多研究顯示，傑出的球員在對球的揮拍時速度較慢，但是在觸擊瞬間球拍的加速非常快。

力量是來自下半身，在觸擊球的瞬間將力量轉移到執拍手與球上，這個過程的關鍵是爆發性的將身體重心由後腳往前腳轉移。要重心放後腳，將上半身向後轉動到正手引拍的姿勢並彎曲右膝，這樣所有的身體重心會集中在後腳（圖9.12a）；向前揮拍時逆轉這些動作順序，右腿用力蹬離開地面臀部與上半身轉向左側（圖9.12b）；在觸擊時小手臂瞬間發力，將身體所有蓄積的力量全部轉移到球上（圖9.12c）。

圖9.12　正手扣殺對抗下旋的來球

引拍

1. 向球移動
2. 身體和臀部向右轉動
3. 右膝深蹲並將所有身體的重心放在右腳
4. 向後伸展執拍手讓球拍的位置低於來球

(a)

對抗下旋的觸擊

1. 用力蹬右腳離地
2. 臀部與上半身轉向左側
3. 觸擊時，小手臂開始發力，蹲低身體釋放出所有的力量
4. 在球彈起的最高點用最大的力量擊球
5. 球拍的角度微微張開
6. 在球正面的中心下方觸擊

(b)

跟上完成

1. 臀部與肩膀完全轉向左側
2. 最後結束球拍在身體左側與頭部同高的位置
3. 手肘彎曲，表示小手臂瞬間發力
4. 右腳向前踏出保持平衡
5. 右腳用力蹬回復到預備姿勢

(c)

單元九　中階水準的擊球

錯誤方式

使用扣殺對抗下旋時你的回球下網。

修正方法

球拍拍面角度再張開些，觸擊離球中心底部較遠的位置，觸擊時向上帶的力量再多一些。

實驗室中的研究顯示重心轉移是非常快速的，在觸擊球的瞬間球員的重心已離開地面或極輕微的拂過地面（圖9.13），這稱為*無重心狀態*（身體沒有重量是放在地面上的）。因為臀部的轉動很快，在擊球的最後右腳已向前踏出以維持平衡，要回復到預備姿勢右腳則須再蹬回原來的位置。

扣殺球運用可對抗下旋或上旋來球，雖然扣殺是對抗兩種旋轉的基本打法，但是觸擊球的部位與力量的方向卻不相同，任何時間對球的施力（向前的速度），你必須運用兩個方向的力量，

圖9.13　在觸擊時，雙腳幾乎同時離開地面，這稱為無重心狀態。

對抗上旋力量是向前向下；對抗下旋力量則是向前向上（圖9.14）。

| 圖9.14 | 正手扣殺對抗上旋的觸擊 |

對抗上旋的觸擊

1. 右腳用力蹬
2. 將臀部與上半身轉向左側
3. 觸擊時，小手臂瞬間發力將所有集中在下半身的力量釋放到球上
4. 在球彈跳的最高點擊球以製造最快的速度
5. 拍面角度向前傾
6. 在球正面的中心點觸擊
7. 雙腳幾乎不碰觸到地面（無重心）

桌球
邁向卓越

錯誤方式

在執行對抗上旋的扣殺時，你的回球過長並未落在對手球檯上。

修正方法

將球拍拍面角度再收合，你需觸擊在球中心上方較遠的位置，觸擊同時向下力量多一些。

注意，任何球無論它高度與旋轉度都能被扣殺，然而，扣殺只有在球彈跳的最高點才能執行。因為扣殺行進路線非常貼近球網的高度，與其他上旋回擊相較，扣殺使用的比例較低，因此，許多球員只有在對抗高球時才使用扣殺回擊。

中階擊球訓練 16. 正手扣殺對抗下旋

這個訓練，你可請陪練員使用多球技術發三顆長下旋球到你的正手位，使用正手上旋去回擊前兩顆球；接著第三顆球以扣殺回擊，將扣殺球打到對角。重複這個套路練習10次30顆球。

增加難度
- 請陪練員增加下旋轉的強度，並將餵球彈跳的高度降低。

降低難度
- 請陪練員減少下旋轉的強度，並將球彈跳的高度增加。

成效檢核
- 在你觸擊球的同時將你的身體重心從後腳轉到前腳。
- 在擊球時你應該感受不到重心。
- 觸擊球的正面中心點下方，接著向前向上發力。
- 在你跟上完成時確定你的右腳向前跨。

成效計分
9~10顆成功的正手扣殺 = 10分
7~8顆成功的正手扣殺 = 5分
5~6顆成功的正手扣殺 = 1分
你的分數＿＿＿＿

中階擊球訓練17. 正手扣殺對抗上旋

請你的陪練員運用多球技巧送兩顆上旋到你的反手位，再送一顆到對角的正手位置，使用反手反拉去回擊前兩顆球，再用扣殺將第三顆球回到對角。重複這個套路10次30顆球。

增加難度
- 請陪練員增加餵球的上旋轉度，並降低球的高度。

降低難度
- 請陪練員降低餵球的上旋轉度，並讓

單元九 中階水準的擊球

球的彈跳再高一點。

成效檢核

- 在觸擊到球時將你身體的重心從後腳轉移到前腳。
- 在擊球的同時你應該感受到沒有重量。
- 在球正面的中心上方處擊球，並往前

下方揮去。

- 在跟上完成時確定你的右腳向前跨。

中階擊球訓練18.　推側撲結合兩顆正手扣殺

這是在單元三介紹推側（撲）（法肯貝格步伐）變化訓練，請你的陪練員餵兩顆上旋球到你的反手位，再送一顆到你的正手位。第一顆球以反手反攻回擊，接著側身到反手的角落以正手扣殺回擊第二顆球；接著迅速還原到預備位置，再跨向正手的位置以正手扣殺回擊第三顆球。練習這個套路10次共30顆球。

增加難度

- 請陪練員增加餵球的頻率。
- 請陪練員混合上旋與下旋的餵球。

降低難度

- 請陪練員降低每顆餵球的速度。

成效檢核

- 在觸擊球的那瞬間將你身體的重心由後腳轉到前腳。
- 在觸擊球時，你應該感到沒有重量。
- 在球正面中心的上方處擊球後往前下方推。
- 在跟上完成時確定你的右腳向前。

中階擊球訓練成效摘要

這個單元介紹各種中階擊球技術，你應該瞭解所有的技術，因為它們都會在比賽時出現。但你必須選擇符合你個人風格的打法並專心練習。有少數球員會使用所有的技術。

要檢核你是否已準備好要進入單元十，加總你訓練的分數，如果你的分數能達到150分表示你已經準備好；如果你還未達到這分數，則表示你需要更多的練習。

中階擊球訓練

1. 運用反手反攻與推上旋交替回擊　　　　　　　___/10
2. 運用反手反攻與加力推交替回擊　　　　　　　___/10
3. 運用反手反攻與推側旋交替回擊　　　　　　　___/10
4. 運用反手反攻與切擋交替回擊　　　　　　　　___/10
5. 正手右側上旋對抗上旋回擊　　　　　　　　　___/10
6. 正手右側上旋對抗下旋回擊　　　　　　　　　___/10
7. 反手右側上旋對抗上旋回擊　　　　　　　　　___/10
8. 反手右側上旋對抗下旋回擊　　　　　　　　　___/10
9. 反手削對抗上旋　　　　　　　　　　　　　　___/10
10. 正手削對抗上旋　　　　　　　　　　　　　 ___/10
11. 混合反手與正手削對抗上旋　　　　　　　　 ___/10
12. 地板球練習正手放高球　　　　　　　　　　 ___/10
13. 正手放高球對抗扣殺　　　　　　　　　　　 ___/10
14. 地板球練習反手放高球　　　　　　　　　　 ___/10
15. 反手放高球對抗扣殺　　　　　　　　　　　 ___/10
16. 正手扣殺對抗下旋　　　　　　　　　　　　 ___/10
17. 正手扣殺對抗上旋　　　　　　　　　　　　 ___/10
18. 推側撲結合兩顆正手扣殺　　　　　　　　　 ___/10

總分　　　　　　　　　　　　　　　　　　　 ___/180

　　下個單元在你發展的進路中需要重新再複習兩個比賽時最重要的擊球,即是發球與接發球。單元十介紹你在正式比賽時需預備的進階發球與回擊發球技術。

單元十　中階水準的發球

在單元五你學會如何執行各種基本形式的發球,在本單元,你將再學習一些重要的隱蔽性元素到你的發球。本單元的訓練給你的不僅只是發球練習,也讓你能在對戰不同打法對手的比賽時使用更有效的發球。

在發球中混淆對手

不論你的發球多好,如果對手能判斷你發球的旋轉度,對手便能採取最有效的回擊。因為這個緣故,你必須學會如何去偽裝發球的形式與旋轉,當你的對手越強時你就越需要具隱蔽性的發球。

近年規則的改變,阻止發球員以非執拍手去遮擋球拍觸擊球,這使得要偽裝發球形式與旋轉更為困難;然而,仍有些方法能使對手在判讀你的發球時有困難。[4]

製造旋轉變化

改變發球旋轉最明顯的方法就是在觸擊球時改變球拍的加速,然而,這個技巧很容易被對手看穿,隱蔽這種改變旋轉的方式就是利用球拍不同的部位觸擊球。

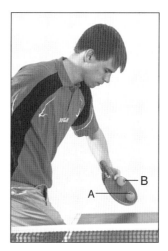

圖10.1　球拍發球的位置,拍頭朝下。在發球時球拍拍面的邊緣(A)移動得比拍柄(B)快。

---

[4] 譯註四:ITTF的最新規則有關發球不得遮擋的規範,發球者自球往上拋起至球拍擊球止,發球者身體或雙打的配對身體的任何部位都不得阻擋,全程必須讓接發球員可看到球。

179

在發球時，球拍末端（A）需移動比拍柄（B）快（圖10.1）。以球拍末端（A）去擊球會比以靠近拍柄位置（B）有更多的摩擦。改變球拍拍面觸擊球的位置，你便可以改變發球時球的旋轉，保持每顆發球同樣的速度，這讓你的對手在解讀你發球的旋轉會更困難。

錯誤方式
你要製造無旋轉的發球有困難。

修正方法
確定球在觸及到球拍時，球是向著拍柄行進而不是拍面的末端。

偽裝旋轉形式

接發球者會非常仔細的觀察你球拍觸球位置，並試著去解讀你發球的形式與旋轉，兩動作的發球可偽裝觸擊球的部位，這個方法常被許多高水準球員比賽時所使用。

所謂兩動作的發球同時也稱為*鐘擺式發球*，因為手臂的擺動從手肘開始像鐘擺一樣往後再往前的動作。要執行這樣的發球，發球者以非常快的速度先將球拍向身體的方向擺，再往身體反方向送，好像劃過球兩次；球可在球拍往內或往外送時擊球，而執拍手臂另一個方向的擺動就成了假動作。

雖然兩動作的原則可以運用到任何一種的發球，它最常被運用在正手發球。要執行這種兩動作發球（圖10.2），站的位置要讓非執拍手靠近邊線，而執拍手側完全離開邊線（右手執拍的球員要站在球檯左側邊線外，而左手執拍的球員則如圖10.2所示站在球檯右側邊線外）；使用發球的握拍方式；非執拍手那一側的腳須在另一腳前面，你的上半身必須與球檯的邊線平行；開始準備發球時，執拍手與持球的非執拍手須靠得很近。

從張開的手掌開始將球往上拋6英寸（15公分）高（請見第xviii頁，譯註三），同時轉動你的上半身將球拍往後帶到預備姿勢。在球拋起後立即將你的非執拍手自球檯與身體之間移開，好讓你的對手在整個發球的過程中均能看到球。

當球開始往下掉時，將身體轉回並將球拍帶到球的位置，手腕向前往你身體方向瞬間發力然後快速的移開，這能使你將手腕在靠近身體時擊球（右手執拍者發出的是左側旋，而左手執拍者則是發出右側旋），或者是在你的手腕要從身體往外移動時擊球（右手執拍者發出右側旋，而左手執拍者則發出左側旋，圖10.3）。運用絕大部分的摩擦觸擊，因為你必須試著製造出不同旋轉的發球而非速度。在觸擊球時，如果擊球拍面是略微後仰的角度則可以增加一些球的下旋；如果擊球拍面是前傾的角度則會增加發球的上旋。不斷練習發球的動作（兩個方向）後，很快的你會讓對手在解讀你觸擊球的部位有困難。

圖10.2　正手兩動作的發球

開始的姿勢

1. 站在邊線的外側
2. 非執拍手那側的腳較另一隻腳約略在前
3. 上半身與邊線平行
4. 發球時的握拍法
5. 雙手靠在一起

(a)

引拍

1. 往上拋球
2. 上半身轉向執拍手那一側
3. 球拍在向後引拍位置
4. 將身體重心放在後腳

(b)

觸擊，球拍往身體方向

1. 將重心轉向前腳
2. 轉動上半身將球拍帶到球的位置
3. 將非執拍手自身體與球檯間移開，好讓接發球者能看到球
4. 以手肘為支點轉動小手臂
5. 球拍觸擊球內側的邊緣（最靠近身體的部位）
6. 鐘擺式的擺動
7. 小手臂與手腕往身體方向瞬間發力觸擊球以製造最大的球拍加速

(c)

跟上完成

1. 在手臂往身體反方向擺動時，手腕瞬間發力以混淆觸擊點

(d)

圖10.3 兩個動作的發球當球拍往身體外移時觸擊球，小手臂以手肘為支點。球拍瞬間往外轉作假動作，觸擊球的邊緣，距離身體較遠的部位。

運用高拋發球

另外一個誤導對手解讀你發球的方式是運用高拋發球在你的發球中同時增加旋轉與速度，這種發球之所如此命名就是因為在發球時球被拋得非常高。將球往上拋高過頭部的高度，當球往下降時會產生較大的速度讓你可以增加發球的旋轉與速度，接發球員要追視這種欺敵發球的長路徑經常會更困難。雖然這種發球非常有效，但是需要非常多的練習才能控制拋球，根據規則球須以近乎垂直的角度往上拋。

執行正手高拋的左側旋球（圖

10.4），你必須完全站在球檯左側外，你的左手剛好是在左側邊線上（右手執拍者）；使用發球的握拍方式；你的左腳應在右腳的前面，而你的上半身應該與球檯邊線平行；開始預備發球時，你的執拍手要與持球的非執拍手靠得很近。

從張開的手掌開始將球往上拋1~3英尺（大約30~90公分）高過你頭部，同時將你的上半身轉向右側，你的非執拍手必須往上擺大約6英寸（15公分）（請見第xviii頁，譯註三）將球往上拋，你的球拍與非執拍手會一起往上方移動，接著執拍手以畫圓弧的方向將球拍像揮鞭似的揮向球的位置。在球拋起後，立即將你的非執拍手自球檯與身體之間移開，好讓你的對手在整個發球的過程中均能看到球。

當球開始往下掉時，將身體轉向左側並將球拍帶到球的位置，手腕向前往你身體方向瞬間發力然後快速的移開，這能讓你的球拍能觸擊球的左側（手腕向著身體方向轉），或者觸擊球的右側（手腕往身體外轉出）。運用絕大部分的摩擦觸擊，因為你必須試著製造出不同旋轉的發球而非速度。在觸擊球時，如果擊球拍面是略為後仰的開放角度則可以增加球的下旋；如果擊球拍面是前傾角度則會增加發球的上旋。

錯誤方式
當運用兩動作發球時你在製造右側旋與左側旋有困難。

修正方法
將這兩種旋轉的發球分開練習，熟練後再將兩者以兩動作發球將其結合。

桌球
邁向卓越

圖10.4　高拋發球正手左側旋發球

(a)

開始的姿勢

1. 站在球檯左側邊線外
2. 左腳比右腳略微向前
3. 上半身與邊線平行
4. 發球的握拍法
5. 兩隻手靠得很近

觸擊

1. 將重心轉到前腳
2. 將上半身轉向左側並將球拍帶到球的位置
3. 將非執拍手立即自身體與球檯之間移開讓接發球者可看到球
4. 以手肘為支點轉動小手臂讓球拍去觸擊球的左側
5. 鐘擺式的揮拍
6. 觸擊時小手臂與手腕往身體方向瞬間發力以製造最大球拍加速

(b)

引拍

1. 將球往上拋高過頭約1~3英尺（30~90公分）
2. 將上半身轉向右側
3. 球拍與非執拍手一起往上擺
4. 將重心放在後腳

(c)

單元十　中階水準的發球

圖10.4　高拋發球正手左側旋發球（續）

跟上完成

1. 在觸擊時，手腕往身體外瞬間發力以偽裝擊
   球的位置

(d)

 錯誤方式

你在高拋發球的控制上有困難。

修正方法

這種發球的關鍵是在拋擲，練習拋球讓球可直線往下落在你的非執拍手上，當你
可以控制這樣的拋擲後，你應該就能控制發球了。

欺敵的發球訓練1.　一顆重度下旋搭配一顆輕度下旋發球

　　這個訓練的目的是透過以拍面不
同的部位去觸擊球，交替發一顆重度下
旋與一顆輕度下旋或無旋轉的發球，運
用在單元五（第75頁）所介紹發短下
旋球的技術，用球拍末端觸擊球以製造
出重度的短下旋；下一顆，則使用相同
的動作觸擊球向你拇指的方向，可製造
旋轉很輕的下旋或是不轉的發球。要讓
發球更能奏效則必須讓你發球的動作看
起來幾乎是一樣，如球拍的速度、球的
速度，還有彈跳的位置。練習40顆發
球，交替發重度下旋與輕度下旋或無旋
轉的發球。

增加難度

• 放兩張A5的紙張在球檯上作為標
  的，發球時讓球落在這兩個目標上。

成效檢核

• 用同樣的擊球動作發一顆很重而另一
  顆很輕的下旋發球。

• 重度下旋球與輕度下旋球都必須有相
  同的高度與速度。

成效計分

　　請你的陪練員或教練評估你發這兩
種球的欺敵效果與旋轉的情況，請他們
以1~10來評分，10分是最高的分數。

　　你的分數＿＿＿＿

桌球
邁向卓越

欺敵的發球訓練2. 正手兩動作的發球

運用兩動作的發球技術，執行40顆正手側旋發球，前20顆發左側旋發球，第二組的20顆球發右側旋發球。在兩個方向擺動時手腕瞬間發力越快越好，以達到欺敵的效果。

增加難度

- 放兩張標準規格A5的紙張在球檯上作為標的，發球時讓球落在這兩個目標上。

成效檢核

- 你在製造右側旋與左側旋的兩個動作應該都一樣。
- 右側旋與左側旋球發球的高度與速度應該一樣。

成效計分

請你的陪練員或教練評估你發這兩種球的欺敵效果與旋轉的情況，請他們以1~10來評分，10分是最高的分數。

你的分數_____

欺敵的發球訓練3. 高拋發球

這個訓練，需使用單元五所介紹一般正手左側旋發球（第80頁），只是增加了高拋的動作。前20顆先發長的高拋球讓球落在對手反手位置；再發20顆半出檯的高拋球讓球落對手球檯中間，這些球在對手球檯第二跳需在接近端線的位置。

增加難度

- 放兩張標準規格A5的紙在對手側球檯作為標的，將一張放在對手角落端線上，而另一張則放在反手中間距離的位置，試著讓你的發球都落在這兩個目標上。

成效檢核

- 使用看起來完全一樣的動作發長球與半出檯的球。
- 長的發球在對手球檯的落點應該靠近球檯端線。
- 半出檯的發球在對手球檯應該有兩次彈跳，且第二跳應該在靠近端線的位置。

成效計分

17~20顆成功的長的高拋發球 = 10分

13~16顆成功的長的高拋發球 = 5分

9~12顆成功的長的高拋發球 = 1 分

17~20顆成功的中距離的高拋發球 = 10分

13~16顆成功的中距離的高拋發球 = 5分

9~12顆成功的中距離的高拋發球 = 1分

你的分數_____

有效的練習發球

發球練習應是每次常規訓練的項目，最好能有一大箱的球在旁邊，這樣你可在練習很多次的發球後再停下練習去撿球。你能獨自練習發球，或是請陪練員回擊你的發球讓你可練習完整的一分球。下面的技術將幫助你在發球練習中獲得最大的效果。

學習幾個發球的動作，可產生外表看起來很像的但實際上不同變化的發球，練習以相同的發球動作去觸擊球的不同部位以製造旋轉的變化。為了有最佳的結果，將自己的發球動作錄影，檢視發球動作可幫助你看到自己是否偏離你所使用的發球方式。

練習高於你水準的發球。很多人在練習發球犯了一個嚴重的錯誤，就是只練習自己慣用的安全發球，但又疑惑這個方式何時才能完成高水準的發球。你必須強迫自己去製造更多的旋轉並提升球的落點。如果你正確的練習發球並要求自己，一開始你可能會犯一些錯誤；但是當你再回到你以前的發球，你雖執行相同的發球但水準卻提升了。

在你的攻擊策略中讓發球成為其中的一部分，記住，你攻擊最強的優勢與弱點是相連結的，發球與第三板攻擊相互緊扣，強力第三板攻擊的威脅會使得第二板的發球回擊更困難，因此發球甚至變得更有效。請陪練員回擊你的發球，接著試著發動強力的第三板攻擊。

學習喜歡發球，一位好的發球者能夠享受創造屬自己的獨特發球風格，如果無法享受發球，那麼你便無法進行充分的練習。

談到練習，最佳的發球練習時段就是在訓練的中間時段，這個時間你已有充分的暖身，而且你的手感狀態應該是在巔峰，但體能上還不感覺到疲累。發球需要大量的精神，不要等到訓練的最後感到疲勞時才練習發球。

如果你可以遵守這些指導，在每個訓練單元只需很少的時間便可進行發球練習但卻能帶給你很大的獲利。記住，優秀的發球者並不是天生的，他們練習。

在比賽時運用發球

發展高水平的基本發球並能控制它們在球檯上的落點的能力（單元五）是建立你在比賽時特有發球的第一步，增加欺敵技巧發球是第二步，最後一個部分是如何在實際比賽時有效的運用這些發球。

每次在發球給對手時，你心裡都必須清楚這個發球的目標，下面是幾個常見的目標：

• 利用發球的落點阻止對手攻擊，通常是發短球，這會迫使對手只能被動回球。

- 試著迫使對手回一顆沒有質量或是中等速度的上旋球，這樣你便能發動反攻，這通常是透過半出檯的發球。
- 要以發球立即贏得這分，就需讓對手不知道你發球的形式與旋轉的程度。

基本的發球策略

儘早在比賽的前段尋找對手接發球中的弱點。如果你與一位不認識的對手比賽，在比賽的前段試著去發各種落點的發球。所有的球員都有接發球的弱點，你的功課就是去找出對手的弱點；一旦找到對手的弱點，你就可以將大多數的發球落點鎖定在那個區域。

要讓你的對手不斷去猜測你發球的方向，這裡有些方法可透過你的發球去破壞對手的平衡。第一個就是運用相同的發球動作但卻改變發球的旋轉，試著去找到一個對手不太會接的發球，接著給一顆看起來一樣但是旋轉有變化的發球；當對手瞭解你在做什麼時，你又再去發那個對手不太會接的發球，這個做法就是要讓對手不斷猜測並對你的發球沒有把握。另一個可讓對手處在猜測情況的策略就是變化發球的長短，經常變換發球的落點有非常短、半出檯、長球，這能讓你的對手在比賽時很難受。

等待你的對手去調整。當你找到一個有效的發球模式時，要持續使用直到對手做了調整並有較強力的回擊時；若有這種情況，試著改變你發球的落點一段時間，稍後才再又回到你原來的發球模式。

對應各種打法的發球技戰術

即便每位對手都是獨特的，但是在比賽時他們還是能被歸類於單元八所討論的某一種基本打法風格。

*凶狠弧圈型*的執行需要非常優異的步伐與具爆發力的正手上旋攻擊。強力弧圈球以能在短時間內結束比賽，以及能將所有到反手位的長球以正手弧圈回擊而聞名。這種打法很常見的弱點是，對第二跳是靠近球檯端線的半出檯發球的回擊。專打強力弧圈的球員不確定是要以弧圈或是挑來回擊，經常會冒險攻擊；一旦幾次的攻擊未能奏效時，強力弧圈型的球員會開始失去信心，這時就給了你攻擊的機會，而且這種打法的球員對於發到離正手較遠的快速長球回擊也不穩定。

*反攻型球員*有著很強的正手與反手反攻的能力、反應快速與穩定的快攻，大多數這些球員缺乏強力的弧圈。與反攻型球員對戰時，要發長下旋或混合的長側下旋球到距離反手位較遠的位置，接續一個強力攻擊到他的中路；又或者，發半出檯的球到他右手肘的位置，再攻擊兩個大角的位置。

*中檯弧圈攻擊型球員*在距離球檯數英尺（約1公尺）後的位置使用正手與反手弧圈去得分，雖然他能從容遊走球檯左右兩側，但他可能為了執行短距離的擊球而空出反手的位置，長弧圈球的對戰是這類球員所喜歡的，應避免使用且應多發短球。試著混合切與無旋轉的

發球，採取可以先發動攻擊的方式，偶爾發一個長球到對手身體位置有時也能奏效。

攻擊型的削球球員可能帶來一些嚴重問題。一位攻擊型的削球員能以反手運用各種的削球結合正手的強力弧圈，這種打法風格球員的球拍的反手拍面多為長顆粒膠皮，而他們經常會翻轉球拍使用不同的拍面回擊對手的發球。在面對這類球員的發球時最需注意的是欺敵與發球的落點而非球的旋轉。試著讓你的發球離開球檯中間的位置，要不是發長球到端線就是發網前的短球並使用切或無旋轉的技巧，要非常注意對手使用哪一種拍面回擊你的發球，盡可能在第三板球就發動直線攻擊。如果對手是使用長顆粒膠皮時，使用側旋發球時要特別小心，因為長顆粒膠皮能克制球的旋轉並使這顆回球無法預測，這會讓你的後續攻擊變得困難。

直板顆粒膠打法球員，以正手快攻為主的打法風格，球一彈離桌面立刻擊球，直拍握法的打法在手腕的運用上達到極致，製打出強力快速回擊發球的比賽。當發球給這類型的球員時，使用較多到反手位的半出檯發球，偶爾夾帶一顆到反手的長下旋球。因為這類型球員通常在近檯移動隨時想要從反手位置進

行正手的攻擊，偶爾一顆到他正手位的快速直線長球能降低他的企圖。

近檯防守型球員，主要的風格就是以堅強的反手位防守推擋去控制正手攻擊的打法，這類型的球員大多在反手拍面使用長顆粒或是短顆粒的膠皮，通常有非常優異的正手短球回擊發球。當發球給這類型球員時，須避免側旋多的發球，特別是對手是使用長顆粒的膠皮。試著發半出檯的球到對手反手位，或混合重度下旋或無旋轉的發球。快速無旋轉的發球到對手反手位端線的位置通常有很好的效果，因為這類型的球員的移動性較低，發快速球到對手執拍手的手肘很容易奏效。再次提醒，對手如果是使用長顆粒發側旋球需要特別小心，無旋轉發球與短球及重度下旋的發球效果最佳。

全面攻擊型球員有著非常高度的擊球變化，他可從比賽進行時任何球員擊球中去選擇，雖然有這些選擇是主要的優勢，但它也會是一種弱點，因為這類打法的球員有時可能混淆不知道要使用哪一種打法。當發球給全面攻擊的球員時，關鍵是你幾乎是無法預測的，只要持續混合你發球旋轉、速度與落點讓你的對手要不斷猜測你的發球。

發球策略訓練　建立屬於自己的發球技戰術

在一張紙上列出本單元前面所討論的一些基本打法，也列出當你在面對個別不同打法風格對手時你能對抗的個人發球策略，記住不僅列出發球的方式還

須包括它們的落點；最後，寫下你在比賽關鍵時刻可以獲勝的發球策略。

成效檢核

• 為每一種打法建立一個發球策略。

• 請你的陪練員或教練對你的策略提供回饋。

• 在與不同打法球員對戰時練習你的策略，並在必要時調整你的發球策略。

中階發球表現成效摘要

　　在這個單元強調在比賽時如何使發球更具隱蔽性、如何在使發球更具成效，還有如何在比賽中運用發球。如同你所理解的，發球對桌球比賽時的重要影響力，提升你在比賽時的發球是提升你在整體比賽水準的最快方式。發球練習應該是你每個訓練中的一環。

　　在本單元中的訓練將有助你練習對應幾種打法時發球的隱蔽性，並建立屬於自己的發球策略。要評估自己是否已準備好向下個單元邁進，加總你的訓練分數，如果你已達到30分以上的成績，表示你已準備好進入下個單元；如果未達30分，則需要再練習提升你的成績。

欺敵的發球訓練

1. 一顆重度下旋發球搭配一顆輕度下旋發球　　　　＿＿＿/10

2. 正手兩動作的發球　　　　＿＿＿/10

3. 高拋發球　　　　＿＿＿/20

發球策略訓練

1. 建立屬於自己的發球技戰術　　　　＿＿＿/10

總分　　　　＿＿＿/50

　　你現在已具備所有可以成為一位多方位的球員的技巧。在單元十一，你將學習到能成功參加正式比賽的所有特殊技巧與知識。

單元十一　在正式比賽中獲勝

就運動的定義中已包含了比賽，許多運動不僅包括與對手對抗的競賽，但也包括你去達成自己最高水準的表現。許多球員在地方俱樂部的表現都不錯，但是如果要在有壓力的正式比賽達到同樣的表現卻有困難。要能在錦標賽的環境中成功的比賽需要發展出幾項特別的技巧，在這個單元提供了一些工具，能讓你開啟錦標賽中成功參賽者之路。

選擇正式賽會

你的第一個決定是在哪裡與何時要參與一項比賽，美國桌球協會（USATT）每年在美國各個城市提供超過幾百項比賽，美國桌協每年所核定的比賽必須符合一定的標準，還有USATT的規則與競賽規程；有關這些比賽有一張完整的清單、比賽標準、規則與規程，都能在USATT的網頁上找到（參閱本書第xxiii頁）。許多其他機構如地方的運動部門、大學、教會也都有非核准的比賽，例如一些長青的運動員、州際和全國長青的奧會的比賽。

大多數錦標賽提供給各種水準球員的比賽，這些比賽或許是依年紀劃分，但多數是開放給所有USATT不同積分水平的球員參賽。球員可以參加屬於自己積分水平的比賽，在你完成你第一個核准的比賽後，你會有等級的積分表示你可以和那些積分對戰的等級。你必須成為USATT的會員才能參加核准的比賽，你的會員資格能參加一整年的比賽，也包括訂閱一年《USATT雜誌》與參與這項運動的支持。

每位球員在參加USATT所核准的比賽時就可以正式的取得積分，每個比賽結束後積分都會被調整並公告在網路與《USATT雜誌》上。球員在每場的勝利與失敗皆可獲得不同的積分，勝與敗的積分變化很多，這取決於兩位球員間積分的差異（表11.1）。例如，一位

A球員如果有1200的積分，他打敗一位積分在1210的B球員，A球員可獲得8點的積分，增加到1208，而球員B則失去8分只剩1202積分。

球員在開始參加USATT的比賽以後，球員依自己的表現獲得最初的積分。如果你是第一次參加USATT核准的比賽，你必須向競賽總指導確認你的資格可參加哪幾項比賽。此外，球員在比賽結束經過積分的調整後可能還會有額外的積分，這不僅是對於他們表現的鼓勵，但也減去敗者的一定分數給對手。球員的等級是依據USATT的積分（表11.2）而分級。

每個核准的比賽都會有正式的公告與報名表，這上面會有你所需的所有訊息，包括日期、各項目比賽開始的時間、比賽項目、報名費用、獎金、使用的器材（球檯與球）、比賽場館與住址、比賽的場次、賽制、競賽團隊人員、裁判長的姓名等，在你送出報名表時花時間仔細的閱讀報名表單上的所有訊息。

表11.1　美國桌球協會積分表

球員間分數的差異	期待結果（高積分者獲勝：可交換的積分數）	非預期的結果（低積分者獲勝：可交換的分數）
0-2	8	8
13-37	7	10
38-62	6	13
63-87	5	16
88-112	4	20
113-137	3	25
138-162	2	30
163-187	2	35
188-212	1	40
213-237	1	45
238以上	0	50

美國桌球協會授權使用*

* Reprinted, by permission, from USA Table Tennis, n.d., *The ratings process*. [Online]. Available: http://www.usatt.org/ratings/ratingsprocess.html[January 15, 2009].

桌球
邁向卓越

表11.2　美國桌球協會球員積分分級表

積分	分級
1000以下	初階
1100~1700	中階
1800~2200	進階
2300~2500	菁英
2500~2700	國家級

瞭解賽會的賽制

雖然有許多不同的賽制，而最常見的有三種：循環賽、淘汰賽或單敗淘汰賽，以及循環賽結合淘汰賽。

循環賽的賽制（圖11.1），球員被分在小組內，而小組內每位球員都須相互比賽，組內有最佳成績的球員勝出。如果有兩位球員在小組賽結束後積分相同，兩者間勝者為勝；如果有三位球員成績相同，則必須以三者間的勝局與負局比以分出排名；如果分數還是相同，下個階段就是算出各局的勝分與負分的比。如同你所看到，在小組循環賽正確的計分非常重要。

在淘汰賽或單敗淘汰賽（圖11.2），所有的選手被安排在單敗的籤位上，排名在前的種子須依規定分開，只要輸的球員就在這比賽項目中被淘汰了。

循環賽再進入到淘汰賽是結合前面兩種賽制。在圖11.3，有16位球員依實力排序均衡的被到四個組，每個小組的第一名會進入到第二階段的淘汰賽。這種賽制非常普遍，因為它使每位球員都可以參與一定數量場次的比賽，而且在參賽球員人數較多時仍有一定的效果。

球員姓名	球員號碼								積分	排名
	1	2	3	4	5	6	7	8		
1.	■									
2.		■								
3.			■							
4.				■						
5.					■					
6.						■				
7.							■			
8.								■		

圖11.1　循環賽模式例舉

193

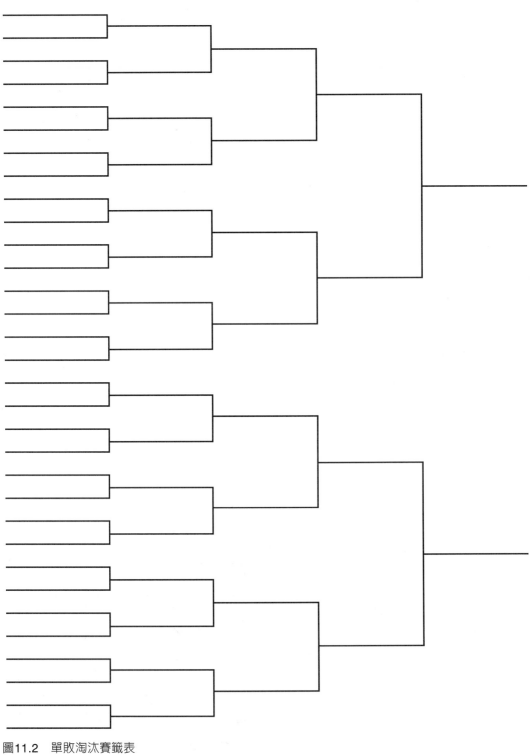

圖11.2　單敗淘汰賽籤表

第一小組

第一輪：1號對16號，8號對9號；第二輪：1號對9號，8號對16號；第三輪：1號對8號，9號對16號

球員姓名	球員號碼				勝／敗紀錄	排名
	1	8	9	16		
1.	■					
8.		■				
9.			■			
16.				■		

第二小組

第一輪：2號對15號，7號對10號；第二輪：2號對10號，7號對15號；

第三輪：2號對7號；10號對15號

球員姓名	球員號碼				勝／敗紀錄	排名
	2	7	10	15		
2.	■					
7.		■				
10.			■			
15.				■		

第三小組

第一輪：3號對14號，6號對11號；第二輪：3號對11號；6號對14號；

第三輪：3號對6號，11號對14號

球員姓名	球員號碼				勝／敗紀錄	排名
	3	6	11	14		
3.	■					
6.		■				
11.			■			
14.				■		

第四小組

第一輪：4號對13號，5號12號；第二輪：4號對12號，5號對13號；

第三輪：4號對5號，12號對13號

球員姓名	球員號碼				勝／敗紀錄	排名
	4	5	12	13		
4.	■					
5.		■				
12.			■			
13.				■		

圖11.3　小組循環賽結合單敗淘汰賽例舉

從正式比賽經驗中獲取最大效益

當評估你的比賽表現時，你需要考慮的事項遠大於輸贏，重要的是你在比賽中學到哪些可以幫助你未來發展，這裡有一些在比賽時可以幫助你成功的考慮因素。

設定目標

為準備比賽，你首先必須瞭解這個特定的賽會對你有何意義。賽會就是一些評估自己在特定時間的比賽狀態的機會，心裡有了這樣的概念，最佳的目標為技術與心理狀態，比賽最簡單並能同時反映出你平常訓練的真實技術，你可以專注在這些目標上，表現（獲勝）本身就能說明一切。這裡有些比賽目標的例子：

- 我將專注在比賽的每一分上。
- 在每次發球前我會深呼吸放鬆自己。
- 我將會計劃每次發球的落點。
- 我將成功的完成第一次攻擊，有90%落在球檯上。

製造比賽工具

我讓學生準備幾項書面的工具帶到賽會，第一個就是目標清單；第二個就是有關自己優弱勢的技戰術以及如何對付重要打法技戰術的摘錄，這些與單元八（第146頁）所練習編寫的那份類似；最後一個是在每場比賽結束後要填寫的戰績評估表（圖11.4）。

這些工具可以幫助你在整個賽會中保持專心並學習自己在每場比賽中的表現，在比賽結束時你的這些紀錄會是無價的，也能提供教練最新資訊並規劃你的下一個訓練計畫。

提早到達準備比賽

我一直都為此感到訝異，許多人克服許多困難才得報名參加賽會，但卻都又是在自己的比賽開始前的幾分鐘才抵達現場，這種情況一定不會有好的成績，即便是專業運動員也需要提早到達比賽場館以便有充分時間準備下一場的比賽。如果可能，在比賽的前一晚就到比賽場館進行一個時段的賽前訓練，並利用時間完成下列事項：

- 去習慣一些不同的場地條件，如場館高度、球檯、比賽球、地板還有燈光。
- 在各張球檯上練習並檢視場館的不同區域與情況。
- 試著與裁判長或競賽總指導碰面並找到工作人員的工作區。
- 檢視籤表與賽程表並做筆記。
- 如果可能，事先安排好你的暖身練習夥伴。

永遠維持你在訓練期間已建立的例行暖身，包括體能與在球檯練習。

比賽、偵查與休息

在一場賽會中，要清楚自己水分與營養的需求，如果可能，你可帶著小點

心和飲料。許多運動員忘記在比賽期間保持充足的水分與飲食。試著依照賽程去規劃自己的飲食時間表，並且記錄自己的飲食。

戰績評估表
（你的姓名）

賽會名稱：_____　　日期：_____

參加項目：_____　　輪次：_____

對手：_____　　積分：_____

右手／左手執拍者：_____　　使用膠皮：正手_____　反手_____

對手的打球風格：主要_____　　次要_____

各局局分：_____

技術評估

描述對手比賽時的發球（落點與模式）：

描述對手比賽時的接發球（優點與缺點）：

描述對手最有效的技戰術（套路）：

描述你自己最有效的技戰術（套路）：

特別的注意事項：

圖11.4　戰績評估表範例

試著去觀察下一場將與你對戰對手打球，如果沒有這樣的機會，試著去找到一位曾與對手有交手經驗的人並問下列的問題：

- 他們的基本打法風格？
- 膠皮的種類，平面、短顆粒、長顆粒還是防弧圈膠皮？
- 他們最常用的發球與回擊發球的方式？
- 他們在比賽時關鍵時刻的對應方式有哪些？
- 他們最擅長的打法有哪些？

如果你在比賽之間有充分的時間，試著休息，找一個安靜的角落或是到場館外待一會兒；記住，在離開場館前一定要獲得裁判長的允許。

如果你的比賽時間很長，多帶幾套可以更換的服裝，穿上乾淨的服裝有助你在生理與心理上的舒適；也別忘記帶幾條小毛巾在比賽進行時讓你的手保持乾燥。

在每場比賽後依你的註記填寫戰績評估表，在比賽結束後你會發現這些訊息是非常珍貴的。

遵守比賽的程序（儀軌）

每次最慢要在預定比賽時間5分鐘前到競賽控制臺再次確認比賽開始的時間。

在賽前的兩分鐘暖身前球員都會有機會檢視對手在這場比賽所要使用的球拍與膠皮。

在出賽球檯的賽前暖身時間最長是兩分鐘，利用這短暫兩分鐘去熟悉比賽球檯的特性，但在你抵達比賽球檯前應該已暖好身並且已準備好要比賽了。

不要走進正在進行比賽的賽區，如果你的球剛好飛進鄰近區域，等到進行比賽球檯的那個回合結束後，再請求將球丟給你。

如果有球進入你的比賽區域，有時你可以立即舉手表示重發球或是結束正在進行的回合，任何球員都不能在打完一分後才要求重發球。

發球者應該在該回合前報分，先報發球方的分數，這對避免分數紛爭非常重要。

球員在局間都有一分鐘的間歇，這段時間都必須留在賽區。

球員只有在局間的間歇時間或者是暫停時接受教練的指導，每位球員在一場比賽都有權可以叫一次的暫停，教練或球員都可以提出暫停。暫停的時間是一分鐘；或少於一分鐘，如果喊暫停的一方已經先回到球檯，則繼續比賽。[5]

多數的比賽不會有裁判員，萬一有

---

[5] 譯註五：有關接受指導部分，ITFF自2016年10月1日起新的規則已生效，參閱規則3.5.1.3。

3.5.1.3

除回合進行間球員得於比賽任何時間內接受指導，前提是不得影響比賽之連續性；倘任何指導者給予非法指導，裁判員應高舉黃色牌予以警告，若再犯將其驅離賽區。

有關規則或是分數的爭議發生時，可以請求一位裁判到你比賽的球檯直到該場比賽結束，不要與對手爭辯或是詢問觀眾的意見。[6]在比賽結束後一定要與對手握手，如果有裁判在場也必須與裁判握手。

如果該場比賽沒有裁判員，由勝者填寫紀錄單並將單子交回競賽控制臺。

打一場心理戰

當你的技術逐漸提升，你會發現比賽時的心理狀態變得更重要；此外，在技術與體能的訓練之外，成功的球員必須學會掌控自己的情緒與思緒。許多球員發現這些就是他們成功必須跨越的障礙，在這個單元學習到這些簡單的心理技巧能讓你在比賽時有最好的表現。

學習放鬆

桌球是一項速度很快的運動，你需要放鬆才能打好球。一個簡單的放鬆方式就是專注在你的呼吸上，養成在每一回合開始前都做幾次深呼吸，從你的鼻子吸氣再由嘴巴吐出，當你在吐氣時試著去想像所有的壓力都離開你的身體。

建立個人的習慣

好的比賽球員會在練習時建立一些常規活動，並將這些習慣帶到正式比賽，下面就是一些例子：

• 在比賽前一晚睡足一定的時間。
• 在預定比賽時程提早一定時間抵達場館。
• 吃標準的賽前餐。
• 在每場比賽前都能有適度的暖身。
• 運用個人發球與接發球的儀式，好的球員在發球與接發球之前一定都會有一串的動作，這樣的儀式動作可幫助他們在每個回合開始前專心。有了這種類似的儀式，會讓你在不熟悉的環境中感到自在。

專注在你的策略而不是輸贏

每個人都想要贏，但一心只想贏經常會導致比賽時的緊張而不會有理想的結果。試著專注在你想執行的基本的策略，一分一分地打，在你開始每一分之前確定在你的心中有一個計畫，專注在這個計畫上讓這一分依計畫水到渠成。

專注在你可以控制的部分

在比賽時你無法控制對手的行為、發出的噪音、幸運擦網或角球、裁判或比賽的許多狀況，如果專注在這些事情上會影響你有好的表現。一定要專注在自己的情緒與打法上，因為這是你唯一可以控制的。

6　譯註六：在北美有些比賽，因參賽人數眾多沒有足夠的裁判，在預賽時都是由球員自己算分填紀錄單，在雙方有爭議時可向大會申請一位裁判至該球檯執法。

控制你的心理與精力水準

為了最佳表現每位球員都有一個最好的心理狀態水平。當你進入這樣的心理狀態時，你感到專注、放鬆，並且充滿活力；有時候你甚至會覺得自己有太少或太多的精力。

你的心理能量過低的徵兆包括疲倦、昏沉、無法專心，當這些狀況發生時，試著透過增加球檯旁的移動以增加自己的精力，提醒自己原來的目標並增加心跳率。

你的心理狀態太過高亢時的徵兆包括筋肉緊繃、注意力下降、呼吸急促，當發生這種狀況時，試著專注在呼吸與放鬆肌肉上讓自己冷靜。

正式比賽中成長表現的成效摘要

這個單元提供有關正式賽會比賽前所需的資訊，正式的比賽可增長你的經驗，特別是如果你能花一點時間作適當的準備。比賽的機會不僅提供你從每場比賽獲得成長，也讓你有機會觀摩高水準的球員打球並向他們學習；最後，你會有機會在這些比賽交到新朋友，通常是一輩子的朋友。

這個單元是本書的最終章，但卻是你邁向桌球運動生涯的起點，如果你能依循本書的步驟，對你這將是一個豐富與滿足的旅程。

名詞解釋

全面攻擊型球員

（all-around attacker）

　　在比賽時能利用對手的弱點而調整自己的打法讓自己獲益的球員。

抗旋膠皮／防弧膠皮（antispin）

　　一種平面的膠皮，表面光滑可製造幾乎沒有旋轉的回擊。它的底層通常是一層沒有彈性的海綿，多用在防禦性的擊球，也被通常為「*anti*」。

攻擊型削球球員（attacking chopper）

　　以削球為防守結合正手上旋攻擊混合打法的球員。

反手（backhand）

　　一種擊球方式，右手執拍者是將球拍置於左手手肘的左側，若為左手執拍者方位則是相反的。

倒旋轉（backspin）

　　一種大量運用在防禦的擊球方式，為製造下旋，球拍觸擊球中心的下方，類似削的動作。當球往前行進時球的正面對著擊球者向後旋轉，所以也稱為*下旋轉*。

底板（blade）

　　指球拍沒有覆蓋物的木頭部分。

擋（block）

　　將球拍放在來球行進的路徑阻擋來球，是一種快速中斷彈跳的攻擊性回擊。

削（chop）

　　是一種抗衡、帶有上旋或下旋攻擊的防禦性回擊，通常是在距球檯較遠的位置執行（參閱*倒旋轉*）。

切擋（chop block）

　　阻擋來球的一種方式，將球拍往下移動觸擊球產生下旋。

近檯防守型球員

（close-to-the-table defender）

　　採用防守性推擋去逼迫對手出現失誤打法的球員。

反攻（counterdrive）

　　利用攻擊去對抗攻擊的打法。

反攻型球員（counterdriver）

　　以持續性的正、反手的反攻為主要打法的球員。

反扣殺（countersmash）

　　以扣殺去對抗扣殺，亦有稱打回頭的打法（參閱*扣殺*）。

反拉（countertopspin，又稱counterloop）

　　以弧圈球對抗弧圈球攻擊的打法（參閱*弧圈*）。

對角線（crosscourt）

　　從角落打到對手檯面角落的斜對角。

沒收（default）

因任何理由被取消參加比賽的資格或成績。

兩動作發球（double-motion serve）

一種採用兩個快速擺動混淆對手判斷球拍觸擊球部位的發球方式。

直線（down the line）

沿著球檯邊線的回擊，與邊線平行。

快攻（drive stroke）

一種帶有些微上旋的快速攻擊。

擺短（drop shot）

一種回擊後球會落在對手球檯非常靠近球網位置，讓對手回擊困難；通常用來防守短的發球，以及當對手退離球檯較遠時的回球策略。

促進制（expedite rules）

桌球規則中當一局比賽進行至10分鐘時，雙方比賽的分數各達9分，就必須實施促進制。實施促進制時，每位球員輪流發一球，接發球者成功回擊13板球時，那一分由接發球者獲勝。[7]

五板球訓練（five-ball training system）

一種專注於每一得分前的前5次擊球的訓練系統。

挑（flip）

是一種具攻擊性的上旋回擊，球的落點靠近球網，屬短球的一種。

步伐（footwork）

個人如何移動到適當位置去擊球。

撞擊（force contact）

觸擊球的一種方式，在擊球時球拍往前帶，這種擊球方式能製造球向前的速度。

正手（forehand）

以右手執拍者而言任何在執拍手手肘右側位置的擊球，若是左手執拍者方位則相反。

---

[7] 譯註七：有關促進制度細節可參閱ITTF 2.15條之規定。

2.15　　促進制度（THE EXPEDITE SYSTEM）。

2.15.1　除了在2.15.2的情況外，一局比賽在10分鐘後或在任何時間應雙方球員或雙打球員的要求下，應實施促進制度。

2.15.2　一局比賽如雙方比數分已達18分以上，則不實施促進制度。

2.15.3　如時限屆達仍在比賽中時，裁判員應即中斷比賽，仍由該中斷回合之發球員發球繼續比賽。如時限屆達不在比賽中時，應由前一回合的接發球員發球繼續比賽。

2.15.4　此後，每個球員依序輪發一分球直到該局結束，倘該接發球方在一回合中完成13次有效的回擊，則判接發球方得一分。

2.15.5　在一場比賽中實施促進制度時，應不改變2.13.6訂定的發球和接發球順序。

2.15.6　促進制度一旦實施，應繼續實施直至該場比賽結束。

非執拍手（free hand）

沒有握球拍的手臂。

摩擦觸擊（friction contact）

一種觸擊球的方式，擊球時球拍刷過球的底部以製造出球的旋轉。

一局（game）

在比賽時首先取得11分並且領先2分以上而獲勝。

無海綿顆粒膠皮（hard rubber）

一種沒有海綿層顆粒向外覆蓋球拍的膠皮，直到近年海綿膠皮流行前它是一種很常見的膠皮，目前已經很少使用。

高拋發球（high-toss serve）

一種將球拋擲很高的發球方法，這會增加球的旋轉與欺敵性。

國際桌球總會（ITTF）

管轄桌球運動的國際組織。

平面膠皮（inverted sponge）

最常見的球拍覆蓋物，它包括海綿層顆粒膠皮，膠皮顆粒是向內與海綿膠皮黏合，所以膠皮的表面是平滑的，這與顆粒向外的膠皮正好相反。

殺球（kill shot）

帶有最快速度的擊球，參閱*扣殺*。

淘汰賽（knock-out）

比賽的一種賽制，球員輸了一場球後就被淘汰，又被稱爲單敗淘汰。[8]

重發球（let）

爲重打該分所做的中斷，當比賽進行期間因任何理由該回合受到干擾球員可以叫「重發球」。[9]

發球擦網（let serve）

發球時球擦網而過的有效發球，這種情況需要重發球，是最常見的重發球情況。

放高球（lob）

一種防守扣殺的回擊，這種高球通常是上旋或是側旋。

長顆粒膠皮（long-pips rubber）

是一種顆粒向外的的膠皮，這種膠皮的顆粒細長在觸擊球時會微微彎曲，會改變來球的旋轉，如果你不習慣這種膠皮，在比賽時防守會很困難。

弧圈（loop）

一種具重度上旋的擊球，普遍認爲是最重要的一種擊球方式，很多球員很擅長擊弧圈球或是回擊這種弧圈球。

一場（match）

由奇數局所組合的比賽，桌球運動最常見的是五戰三勝或七戰四勝的局數組合。

---

[8] 譯註八：淘汰賽係指球員輸了特定場次後被淘汰，有單敗淘汰、雙敗淘汰，以及完全淘汰賽（一直打到所有名次確定才停止）。

[9] 譯註九：有關重發球詳細規範請參閱ITTF規則2.9。

中檯弧圈攻擊型球員
（mid-distance aggressive looper）

　　球員擅長在距球檯後方的位置（約1公尺）執行強力的正手與反手上旋擊球。

多球訓練（multiball training）

　　是一個練習訓練的系統，陪練員需餵連續的多顆球給練習者進行一套完整練習，這種練習不需要對手回擊。

無旋轉回擊（no-spin return）

　　回球中僅有極少或完全沒有旋轉。

直拍握法（pen-hold grip）

　　亞洲球員最常見的握拍法，它有最佳的正手拍，但在傳統直拍握法反手的部分卻不靈巧。

直板顆粒膠打法（pips-out pen-hold style）

　　一種典型的中國式的打法，直拍握法，有強力的正手快攻與快速的反手推擋。

檯面（playing surface）

　　球檯的水平面，包括與檯面交接的角。

凶狠弧圈球球員（power looper）

　　非常有侵略性打法的球員，以極具爆發力的正手上旋攻擊為主。

加力推（punch block）

　　在推擋時球拍用力擊球去增加球的速度。

搓（push）

　　用下旋去回擊下旋的來球，在靠近球檯或是檯面的上方執行，這打法通常是用在防守。

球拍（racket）

　　擊球的器材，包括底板與膠皮。

執拍手（racket hand）

　　握著球拍的手。

回合（rally）

　　從發球開始，球被來回觸擊，直到一方得分為止的期間。

積分（rating）

　　代表球員所屬的級別分數

接發球（recieve）

　　回擊發球。

裁判長（referee）

　　賽會的主責職員，他負責所有項目比賽的進行皆依章程規定，並且對任何有關規則的爭執做最後之裁定。

發球機（robot）

　　可讓球自動彈出的機器，能讓球員獨立的練習不需陪練員。

循環賽（round robin）

　　賽制的一種，將球員分到各小組中，小組中的每位成員都須相互的對戰。

膠皮（rubber）

　　球拍的覆蓋物；有時也特指是海綿層上的膠皮。

膠皮清潔劑（rubber cleaner）

　　一種用來保持平面膠皮清潔的產品。

海綿膠皮（sandwich rubber）

　　一種含有海棉層顆粒向內或是向外的膠皮，如果顆粒是向內則是平面膠皮；如果顆粒朝外就是有海棉層的顆粒膠。

發球（serve）

　　在每一分開始時的第一次擊球，發球者非執拍手手掌中將球拋起，當球自最高點落下時擊球。

橫拍握法（shake-hands grip）

　　最普遍的一種握拍法，此種握拍方式使正、反手擊球的轉換最為平衡。

短顆粒膠皮（short-pips rubber）

　　一種在海綿層上覆有顆粒向外的膠皮，與平面膠皮相反，又稱為顆粒膠皮。

側旋（sidespin）

　　一種球會由右向左或是由左向右轉動的旋轉，這種旋轉最常結合在上旋或是下旋的擊球。

側推旋（sidespin block）

　　在推擋中加入側旋轉。

扣殺（smash）

　　一顆具有最高速度的擊球，這種球能防止對手回擊，又稱為殺球或致勝球。

快速膠（speed glue）

　　一種可塗在海綿層的膠水，它能增加擊球的速度與旋轉。ITTF與USATT目前已禁止使用這類膠水。

旋轉（spin）

　　球的轉動。

海綿（sponge）

　　一種有彈性的塑膠材料，被作為與顆粒膠皮黏合的層，它的出現改變了打法並終結1950年代單層顆粒膠皮的使用。

擊（stroke）

　　在比賽時任何的擊球，也包括發球。

擊球點（timing）

　　決定擊球的時間點以製造出想要的擊球風格。

上旋（topspin）

　　在球的上升期時球拍觸擊時所產生的一種向上的旋轉。具上旋轉的球在觸擊後會遠離球員。

推上旋（topspin block）

　　加入上旋的推擋。

擊上旋（topspin stroke）（loop，弧圈）

　　一種攻擊性擊球，球拍是由下往上行進去觸擊球並製造出上旋，具重度且旋轉的上旋又被稱為弧圈。

裁判（umpire）

　　在比賽時依規則判分與執法的競賽職員。

下旋轉（underspin）

　　參閱*倒旋轉*。

美國桌球協會（USATT）

　　管轄美國桌球運動的組織。

名詞解釋

作者簡介

李察·麥克菲（Richard McAfee）這一生都投入在桌球運動中，在年輕的時候李察·麥克菲是一位有成就的球員，他曾贏得許多單打與雙打的勝利，其中包括1972年美國公開賽B級的冠軍，還有美國南區公開男子組的單打冠軍。後來李察·麥克菲全力投入在他最喜歡的教練工作，他擔任美國國家冠軍的教練超過30個年頭，也擔任過7位具世界排名球員與兩位奧運選手的教練。

1994年李察·麥克菲被提名為1996年亞特蘭大奧運會的競賽總經理一職，這不僅讓他朝國際賽會管理前進並獲得國際奧委會所頒發的最佳成就獎。他同時也是美國桌球協會（USATT）認證的最高等級的國家級教練，其榮譽包括在2004年美國奧委會頒發的桌球優秀教練獎（Doc Counsilman Science Award）、2003年喬治亞州美國最佳年度桌球教練、1999年度最佳發展等獎項。2005年李察·麥克菲被列入美國桌球名人堂，在2009年被指派為USATT國家教練指導委員會的主席。目前他仍持續為ITTF到世界各地進行教練教育課程的推展。

國家圖書館出版品預行編目資料

桌球：邁向卓越／Richard McAfee著；鍾莉娟
譯. ——初版.——臺北市：五南，2016.11
　　面；　公分
譯自：Table tennis: steps to success
ISBN 978-957-11-8849-2（平裝）

1.桌球

528.956　　　　　　　　　　　105017573

5C12

桌球：邁向卓越

作　　　者	— Richard McAfee
策　　　劃	— 國家運動訓練中心
主　　　編	— 邱炳坤
譯　　　者	— 鍾莉娟
發 行 人	— 楊榮川
總 編 輯	— 王翠華
主　　　編	— 陳念祖
責任編輯	— 李敏華
封面設計	— 陳翰陞

出 版 者－五南圖書出版股份有限公司

地　　　址：106台北市大安區和平東路二段339號4樓

電　　　話：(02)2705-5066　傳　　　真：(02)2706-6100

網　　　址：http://www.wunan.com.tw

電子郵件：wunan@wunan.com.tw

劃撥帳號：01068953

戶　　　名：五南圖書出版股份有限公司

法律顧問　林勝安律師事務所　林勝安律師

出版日期　2016年11月初版一刷

定　　　價　新臺幣420元